하늘을 품은 바다

최윤실 수필집
하늘을 품은 바다

2024년 5월 7일 제판1쇄 발행

지은이 | 최윤실
펴낸이 | 김종완
펴낸곳 | 에세이스트사

등록 | 문화 마02868
주소 | 서울종로구 삼일대로457 수운회관 501 전화 | 02-764-7941
e-mail | kjw2605@hanmail.net
e-cafe | http://cafe.daum.net/essayist123
ⓒ 2024 최윤실
값 15,000원
ISBN 979-11-89958-56-5 03810

* 저자와의 합의 하에 인지는 생략합니다.

하늘을 품은 바다

최윤실 수필집

예해이스프사

책 머리에

    봄날입니다. 흔들리는 나뭇가지 끝에 연둣빛 새싹이 나오고 잠자고 있던 대지가 용트림을 합니다. 깊은 잠에 빠져 있었던 저도 깨어나야 할 것 같았습니다.

    저를 가장 아끼고 사랑했던 분들이 돌아올 수 없는 강을 건너갔습니다. 혼자 걸어가야 하는 시간이 길 것 같습니다. 처음에는 당황했지만 누구나 혼자가 된다는 것을 알게 되었고, 혼자서 할 수 있는 것을 찾았습니다. 그림 그리기, 운동, 여행, 전원생활을 생각하였지만 내 생애 끝나는 날까지 할 수 있는 것이 무엇일까 아직도 고민 중입니다.

    그림도 운동도 전원생활도 나이가 들수록 힘들어진다는 것을 알게 되었습니다. 글을 쓴다는 것은 생소했지만 종이와 펜만 있으면 될 것 같아 도전해보기로 했습니다. 글쓰기를 특별히 배운 것도 아니고 타고난 재주가 있는 것도 아니지만, 지금까지 살아오면서 마음 밑바닥에 차곡차곡 쌓여있던 것을 끄집어내려고 합니다. 잘 살았는지 잘못 살았는지 분별이야 쉽지 않지만 그게 또 무슨 상관이겠습니까. 그저 한 겹 두 겹 마음속에 쌓여 있던 추억들을 끄집어 낼 때마다 행복했던 저 자신을 발견합니다. 너무 가까이 있어서 느끼지 못했던 그 행복들을 새삼스레 응시하며 새로이 마음을 여밉니다. 큰 것보다 작고 소소한 것들이 행복이라는 걸 조금 더 일찍 알았더라면, 하면서 하루하루를 축복처럼 맞이합니다.

고마운 이들이 너무 많았습니다. 갚을 길이 없습니다. 미숙했던 제 자신을 자꾸 돌아보게 되는 것도 또한 축복 같습니다.

힘든 일이 있을 때마다 나를 춤추는 고래로 만들었던 남편과, 부모님과, 형제들을 생각하며 힘을 냅니다. 자식들과 손주들에게 본보기가 되어야 할 것 같아 더 열심히 살아왔습니다. 보잘 것 없는 번데기에서 나비가 되는 과정을 보여주고 싶었다고 할까요.

혼자 스스로 한다는 것은 참으로 힘든 일입니다. 그래서 같이 걸어갈 도반이 필요했고, 이끌어줄 스승이 필요했습니다. 지금까지 잘 이끌어주신 서울교대 '내 글로 책 쓰는 비결' 김낙효 교수님께 감사드립니다. 이 책이 있기까지 애써 주신 조정은 편집장님께도 감사드립니다. 마지막으로 저에게 반듯한 정신을 물려주신 부모님, 늘 봄날 같았던 남편 그리고 의지하면서 살았던 형제들, 살아갈 의미를 부여했던 아들과 딸들, 사위들, 며느리, 손주들에게 이 책을 바칩니다.

차례

책 머리에 — 4

1부

하늘을 품은 바다 — 14

아 바다시여! — 18

어미새의 눈물 — 22

오대산 단풍나무 아래서 — 27

봉정암 가는 길 — 32

불명 달명 — 36

텃밭이여 안녕 — 41

2부

그날 — 48

혼자 남겨진다는 것 — 52

흔적 — 55

물처럼 바람처럼 59

가끔 비바람 몰아쳐도 — 64

미안함과 그리움 — 69

낙조를 가르며 날아가는 새 — 73

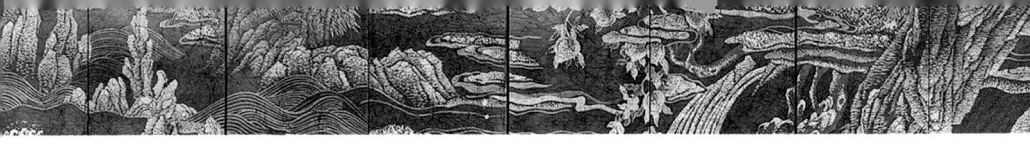

3부

증편 솥에 김이 오르면-78

과수원집 사람들-83

고향은 희미한 옛 사랑-88

소돌 해변에서-92

운명-96

양은냄비에서 녹아버린 아이스께끼-101

천덕꾸러기 독-105

목화솜 이불-109

슬픈 역사, 그 기와집-113

4부

박꽃 어머니-118

복사골의 영웅-121

마음의 거울-126

잃어버린 생일-129

아버지의 간절한 마음-133

다름을 인정하는 마음-137

박 여사 - 141

화려했던 시간이 머무는 곳 - 146

난 아직도 날고 싶다 - 150

두 개의 이름으로 사는 여자 - 154

5부

행복나무 - 160

아들 - 164

별명이 두바이 단군 - 167

미안하다고 되는 게 아니야 - 171

아들과 카디프에서 추억 한 장 - 175

사막 캠프와 하타 호텔 - 180

축제의 한마당 연등회 - 184

관광천국 두바이 - 189

6부

다시 만난다면 - 196

손자와 자개장 - 200

부처님이 맺어준 인연 - 204

집으로 가는 길(歸家) - 208

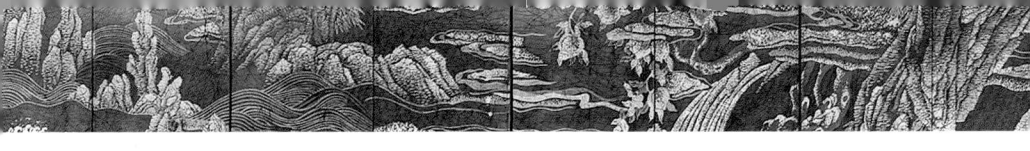

함께 있어 행복한 친구들—212

태풍 속에 핀 민들레 —215

거울 앞에 서 있는 여자—219

아들 바라기들의 만남 —223

외눈박이 시절—228

최윤실 론/ 김낙효

한여름 밤의 꿈 (130x104cm) silk에 염색 작가 최윤실

십장생-(160x106cm) silk에 염색 작가 최윤실

1부 하늘을 품은 바다

하늘을 품은 바다

　서해바다의 새벽, 하늘이 바다인지 바다가 하늘인지 구별할 수가 없다. 안개에 묻힌 몽환적인 바다는 신화나 전설 속으로 이끌어줄 것만 같고, 꺼져가는 잿더미에서 피어오르는 연기처럼 아른거리는 회색빛 해무와 저 멀리 실루엣으로만 드러난 해안가 마을은 오래된 전설을 품고 있는 듯하다. 눈을 비비면서 크게 떠 보지만 보이는 것은 아련한 옛 사랑처럼 흐릿하고 아스라한 풍경이다. 흐릿해서 더 신비롭고 아련해서 더 절절한 새벽의 해변. 여인네 주름치마 같은 바다는 살랑거리는 바람을 타고 춤을 춘다. 부두에 묶여있는 낡은 고깃배들도 일렁거리며 파도에 몸을 싣고 왈츠를 추고 있다.
　바다는 하늘을 쳐다보면서 하루에도 몇 번씩 새 옷을 갈아입는다. 구름 한 점 없는 청명한 날은 푸른 하늘 아래서 쪽빛 옷을 입고 아가씨 발걸음으로 하늘하늘거린다. 하늘에 먹구름이 몰려오는 날은 바다도 성난 사자처럼 바람을 일으키면서 거친 파도가 요동친다. 태풍이 몰아치면 바다 밑바닥부터 헤집어 한 많은 아낙네 머리채 흔들듯 하얀 물거품을 토하면서 아우성을 친다. 해가 서쪽 수평선으로 서서히 숨어들어 갈 때는 바다 위에 황금빛 비단 천을 끝없이 펼친다. 안개가 자욱하거나 하늘이 비를 가득 머금고 있는 날은 수도승처럼 고고한 회색빛 담채다.

새벽안개가 서서히 사라지고 바닷물은 여인네 주름진 얼굴 같이 파도치면서 세월을 세고 있다. 바다는 떠오르는 해를 하늘로 천천히 밀어 올린다. 바다 속에 새색시 볼에 붙어있는 연지곤지 같은 해는, 부끄러운 모습으로 바닷물과 작별하면서 하늘에 황금빛 비단 천을 펼쳐 놓으면서 바다에는 연한 불기둥을 길게 늘어뜨린다. 파도가 춤을 출 때마다 햇살은 주황색 비단에 반짝거리는 보석을 단다. 파도는 사랑하는 연인을 끊임없이 그리워하듯 춤을 추면서 떠오르는 해를 바라본다. 멀리 산기슭은 힘이 센 장정들처럼 검푸른 청록색의 산 그림자를 만든다. 하늘과 바다는 짧은 시간 동안 화려한 불꽃 잔치를 펼친 다음 천연덕스럽게 본연의 모습으로 돌아간다. 그리고 새벽바다에 퍼지는 비릿한 물미역 냄새는 나를 고독한 시인으로 만든다.

바윗돌을 쌓아놓은 방파제에서 낚싯대를 바다에 던져 놓고 무심히 앉아있는 청년의 얼굴도 아침 햇살에 황금빛으로 물들어 있다. 일출의 아침은 모두에게 새로운 희망을 품게 한다. 방파제 끝까지 나아가 해가 바다에서 하늘로 떠오르는 신의 마술을 숨죽이며 바라본다. 해는 점점 바다와 멀어지면서 계란 노른자처럼 동그랗게 떠오르고 있다. 차츰 바다와 하늘의 경계가 드러난다. 또렷해진 해가 점차 옅어지면서 하늘로 올라가 지상의 생명체들을 따스한 손길로 어루만진다. 바다는 끝없이 넓고 한없이 깊어, 철들지 않는 자식이 투정을 부려도 다독여주는 어머니의 품속 같다. 그리고 하늘은 사랑으로 품어주는 바다가 있어, 어머니의 사랑을 먹고 자란 자식처럼 장난꾸러기 바람과도 심술쟁이 구름과도 모난 데 없이 어울리며 마음껏 재주를 부리는 것 아닐까?

벌써 동네 여인네들이 타박타박 갯벌로 걸어간다. 평생을 바다와 같이 보낸 그네들의 얼굴은 세월의 흔적을 고스란히 간직한 채 건강한 갈색이다. 바닷물이 빠지면 갯벌로 나가 여름엔 조개를 캐고 겨울엔 굴을 캔다. 서해바다는 하루에 두 번씩 밀물과 썰물이 서로 밀고 당긴다. 그리고 갯벌엔 바지락과 석화가 계절을 알린다.

여인들은 대부분 이곳에서 나고 자라 이곳 청년과 결혼한 사람들이고 드물게 타지에서 이곳 청년에게 시집와 바닷가 생활을 이어온 이들도 있다. 남자는 고깃배를 몰고 바다로 나가고 여자는 바지락이나 굴을 캐러 갯벌로 나가는 해안가 사람들은 바다의 기운을 받으며 일생을 보내고 바다를 바라보면서 생을 마감한다

사람이 일생동안 살면서 어떤 삶인들 고단하지 않겠는가만, 여기 갯가 사람들은 아무리 고단해도 운명을 숙명처럼 받아들이면서 유순하게 살아가는 것 같다. 그들의 표정과 몸짓이 그걸 말해준다. 얼굴은 해풍에 검게 탔지만, 미소가 순하고 해맑기만 하다. 매일 떠오

르는 해를 보고 드넓은 바다를 보면서 건강하게 살았기 때문일 것이다.

　이곳 장고항리의 여인들은 매일 밀물과 썰물을 만나 둥글둥글한 조약돌이 되었다. 오랜 세월 바닷바람을 맞으며 짭짤한 소금 맛이 나는 파도소리를 들으며 살아온 이들은 바다를 닮아 깊고 넓은 가슴을 지녔지 싶다. 고단한 삶이 알알이 가슴 속에 박혀 삶의 보석이 되었으니 저들 가슴속은 값진 보물 창고일 게 틀림없다.

　서해의 새벽바다는 한 폭의 수채화를 마음속에 그려 놓는다. 또한 내 마음을 거친 세상으로부터 불러내어 나를 찾아가는 길로 이끌곤 한다. 장고항리 바다의 새벽 풍경은 조용하고 웅숭 깊은 나의 기도문이다.

아 바다시여!

　이곳 장고항리에 터를 장만한 것은 1990년 초였다. 고향도 아니고 연고가 있는 것도 아니었다. 사이가 좋았던 시댁 삼남매가 퇴직을 하면 같이 살자고 의기투합하여 장만했던 것이다. 처음 이곳을 찾았을 때 앞에 바다가 보이고 뒤에는 야트막한 동산이 있어서 집을 지으면 좋을 것 같다는 생각으로 일고의 망설임도 없이 장만하였던 것인데, 그런 뒤 10여 년을 방치하다시피 하였다.

　2002년도에 집을 짓기로 결정을 하자 일사천리로 봄에 시작한 집 짓기가 초여름에 완공되었다. 집을 짓고 보니 거실에서 일출을 볼 수 있었다. 생각지도 않았던 복권 당첨 같은 행운이었다. 게다가 바닷가로 나가면 저녁 일몰도 볼 수가 있다. 바다가 보이는 집이라 여름 피서지로 아주 좋았다.

　장고항리는 작은 포구지만 서해안의 완만한 물살로 국내에서 실치가 가장 많이 나는 것으로 유명하다. 터를 살 때는 실치가 나는 곳인 줄도 몰랐고 실치를 말리면 뱅어포가 된다는 것도 몰랐다. 그

때까지 살아있는 실치를 본 적도 없었다. 기생충을 연상시키는 생 실치를 처음 본 사람들은 선뜻 먹지를 못한다. 하지만 이곳과 가까운 충남 해안 쪽에 사람들에겐 추억의 먹거리라는 걸 나중에 알았다. 요즘은 널리 알려져서 봄이면 많은 사람들이 실치회를 먹으려고 찾아온다. 실치는 작고 뼈가 없기 때문에 신선도가 오래 유지될 수 없으므로 현지에 와서 먹어야 한다. 교통이 좋아지면서 3월 4월 즈음 실치회를 먹으러 오는 사람들로 장고항리는 북적거리며 미슐랭 관광지가 되었다. 실치의 어획량이 줄어든데다 실치회가 유명해지면서 수요를 충족하지 못하고 가격은 천정부지로 솟았다. 몇 년 전부터 중국에서 냉동된 실치를 수입해서 건조하여 병어포를 만드는 실정이다.

시댁 삼남매는 같은 평수로 3칸을 지었다. 서로 사생활 보호를 하려는 명분이었다. 성가하여 떨어져 살던 삼남매들은 직장 관계로 주말에만 이용하면서도 얼마간은 자주 모였고 관계가 더욱 돈독해졌다. 모이는 인원이 대식구가 되면서 생각지 않은 일들이 불거졌다. 음식을 많이 해야 하는 건 그렇다 치고, 떨어져 산 기간이 길어서 몰랐던 성격이 나타나기 시작했다. 깔끔한 성격과 털털한 성격, 서울에서만 살아온 사람과 시골에서 살아온 사람, 각자 보는 시각과 취향이 달랐다. 조금씩 불편한 기류가 형성되었다. 불편함을 이기지 못한 누나가 일 년 만에 옆에 작은 오두막집을 지어서 분가하였다. 그리고 집 지은 지 7년 뒤 동서가 갑자기 심장마비로 유명을 달리하였다. 오랫동안 같이 살자던 약속은 깨어지고 말았다.

동해바다를 보고 자란 나는 서해바다의 밀물과 썰물로 일어나는 풍경들이 신기하기만 했다. 하루에 두 번씩 물이 나가면 갯벌로 나가 바지락조개를 잡는 것도 새로운 경험이었다. 서울에서 자란 아이들도 다양한 갯벌 체험을 하면서 좋아했다. 집도 정성을 쏟은 만큼 만족스럽고 아름다운 집이 되었다. 얼마 동안은 싱싱한 해산물과 바다의 일출과 일몰을 같은 장소에서 볼 수 있는 곳이라 주말마다 많은 사람들이 즐겨 찾아왔다.

그러나 집과 사람은 가꾸어야 빛이 난다. 부지런하지 않으면 금방 표가 나서 나는 이곳에 오면 바다를 제대로 쳐다볼 겨를도 없이 풀과의 전쟁을 치러야 했다. 바다가 가까워 밤 동안 내린 이슬로 아침이면 풀이 비맞은 듯 흥건했고 그만큼 빨리 자랐다. 잘라주지 못한 나무는 제 멋대로 가지를 뻗어 전문가의 손이 필요했다. 미련을 갖지 않으려고 애써 외면하지만 지저분하고 어수선한 것을 못 보는 성미 탓에 무리하게 일을 하게 되었다. 자식들은 부모 것이려니 하고 관심도 없다. 해가 갈수록 집은 낡아서 손 볼 곳이 많아졌다.

삼남매가 늘그막의 아름다운 동거를 꿈꾸며 지은 집이지만 20여 년이 흐르자 네 명이 세상을 하직했고 남아있는 사람도 힘없는 늙은이가 되어 집가꾸기는 엄두도 못 낸다. 동화 속 같았던 집과 정원도 낡고 볼품 없이 변해버렸으니 이젠 보고 싶은 사람들만 더욱 생각나는 추억의 장소가 되었다.

  전원주택에 살려면 건강하고 부지런해야 한다. 끊임없는 노동과 강한 자외선 때문에 여자들은 대부분 전원생활을 좋아하지 않는다. 새벽부터 움직이지 않으면 금방 게으른 표시가 난다. 여유를 즐기려고 지었던 집인데 세월이 흐르자 엄청난 짐이 되었다.

  전원주택은 생각만으로는 낭만적일 수 있다. 막상 들어가보면 쉴 틈 없이 일을 해야 하는 고달픈 생활의 현장이다. 낭만도 건강하고 젊었을 때나 꾸어볼 수 있는 꿈이지, 투덜대다가도 오늘처럼 아침햇살을 받으며 갯벌로 나가는 아낙들을 바라보고 있으면 큰 은혜를 입은 듯 나도 모르게 탄성이 흘러나온다. 아, 바다시여!

어미새의 눈물

　춘삼월 따뜻한 봄바람이 불자 겨울동안 한 번도 찾지 않았던 시골집이 궁금했다. 해동이 되면서 난방 호스가 터져 거실이 물바다가 된 것이 아닌지, 수도관이 얼어 터져서 계량기가 계속 돌아가는 것이 아닌지, 이런저런 걱정으로 머릿속이 복잡해졌다. 불길한 생각이 들자 서울에서 미적거리고 있을 수가 없었다. 장고항리에 내려가 보기로 했다.
　오랫동안 잠겼던 현관문을 열자 동굴 속 같은 곳에 갇혀 있던 습하고 냉한 공기가 밀물처럼 나를 휘감는데 현관바닥에 커다란 지네 한 마리가 배를 뒤집고 뻣뻣하게 죽어 있다. 죽은 지 오래된 것 같다. 거실이며 방바닥에도 겨울에 추위를 피해 찾아 들어왔을 갖가지 벌레의 시신들이 흩어져 있다. 창문을 모두 열고 갇혀 있던 공기와 먼지를 밖으로 밀어냈다. 청소를 끝내고 거실에 앉아 커피를 마시면서 하늘과 맞닿아 있는 쪽빛 바다를 바라보고 있었다. 그때 부엌 쪽에서 마른 낙엽 굴러가는 소리가 났다. 사각사각… 부스럭 부스럭….

내가 잘못 들은 것이겠지, 별일이 아니길 바라면서 하룻밤을 보낸 다음날 아침, 거실로 나가 앉은 잠시 뒤 역시 부엌 후드에서 동짓달 바람에 흔들리는 문풍지 소리처럼 부스럭부스럭거리는 소리가 들려오는 것이 아닌가. 나는 부엌 쪽을 계속 바라보면서 신경을 쓰다가 텃밭으로 나갔다.

추운 겨울에도 얼지 않는 월동추(하루나)를 뽑아서 수돗가에 앉아서 씻고 있는데 뒷마당 소나무 가지에서 새 한 마리가 부엌 쪽을 향해 부산하게 날갯짓을 하면서 우짖고 있었다. 직감적으로 부엌에 있는 후드 속과 연관이 있다고 판단했다. 이 알미늄 연통은 냄새를 빼기 위해 집 밖으로 뽑았다. 내 귀에는 새소리가 불안하고 애절하게 들렸다. 마음을 진정하지 못하면서 애간장이 녹아내리는 듯 우는 것만 같았다. 전생에 길이 달라 나는 사람으로 태어나고 어미새는 날아다니는 새로 태어났을지 모른다. 똑같이 새끼를 품은 어미로 살아온 나는 어미새의 울음 소리를 알아들을 수 있었다. 분명히 부엌 후드 속에 새끼가 있는 것이다.

"어미가 밖에 있으니 안심해라."

"집에 침입자가 나타났으니 조심하라."

이 나무 저 나무를 날아다니면서 소리치는 것 같았다.

하던 일을 멈추고 부엌으로 달려가 가위로 알미늄 연통을 조심스럽게 잘라서 마당으로 들고 나왔다. 그리고 알미늄 통을 뒤집었다.

잔디 위에 떨어진 것은 진자한대로 엄지 손가락만 한 아주 작은 새들이다. 털도 나지 않은 분홍색 아기새 네 마리가 눈도 제대로 뜨지 못하고 고물거렸다. 순간 가슴이 철렁했다. 나도 당황하여 숨이 멎을 듯했고 아기새들도 놀라서 우왕좌왕했다. 급하게 집안으로 들어가 아기새들이 안전하게 지낼 만한 상자와 먹이를 가지고 나왔다. 그런데 이게 웬일인가. 아기새들이 사라졌다. 나무 밑과 수풀 사이를 샅샅이 뒤져도 찾을 수가 없었다. 야생 고양이들이 어슬렁거리다가 물고 간 것은 아닌가? 주변을 둘러봤지만 고양이는 보이지 않았다. 아니면 어미새가 와서 품고 갔을까? 온갖 상상으로 머릿속은 어지러웠다. 공연한 오지랖으로 아기새들에게 죄를 지은 것 같아 서글펐다. 꼬물꼬물하던 아기새들이 며칠동안 눈앞에 어른거렸다. 짠하기도 하고 눈에 밟혀 잠도 오지 않았다.

어미새는 추운 겨울동안 가장 안전하다고 생각한 알미늄 연통 안에다 부드러운 지푸라기를 물고 와서 포근한 자리를 마련한 다음 알을 낳고 자랄 때까지 먹이를 물어다 준 것이었다. 어미새는 알미늄 연통 속이 비와 바람과 모든 적으로부터 가장 안전하다고 믿었을 것이다. 눈물겨운 어미새의 사랑이 허망한 결말을 맞았다는 것은 생각하는 것만으로두 숨이 막혔다. 한치 앞도 내다볼 줄 모르는 나의 어리석음은 또 죄를 짓고 말았다. 어미새의 눈을 보진 못했지만 울음소리만으로도 뜨거운 눈물을 흘렸을 것 같았다. 새끼를 위한 애절한 몸부림이었고 새끼를 위한 처절한 외침이었다. 가슴이 찌르는 듯 아팠다. 그런데 그날 오후부터 어미새의 애달픈 울음소리는 들려오지 않았다. 나는 어미새가 아기새들을 품고 갔을 거라고 믿기로 했다.

　그날 이후부터 시골집에 내려가면 어미새가 앉았던 소나무 가지를 유심히 쳐다보는 버릇이 생겼다. 여름 어느 날엔 백일홍 나뭇가지에 앉아 노래부르는 새를 보면서 아기새들이 잘 자라서 다시 왔나 싶어 반갑기도 했다. 새들이 나에게 속삭이는 것처럼 들렸다.

　"이젠 걱정하지 말아요. 잘 자라서 높이 날아갈 수 있어요."

　"보세요. 노래도 잘 해요."

　"고마워. 난 얼마나 걱정했는데."

　혼자 두런거렸다. 아침마다 정원에 와서 짹짹거리는 새들이 반가워 손을 흔들기도 한다.

　시골에서 지내자면 호미와 곡괭이, 삽으로 땅을 파헤치고 전지가위로 나무를 자르거나 낫으로 풀을 베어야 한다. 그러다보니 땅 속이나 잡초 속에 안전하게 숨어있던 곤충과 벌레들을 본의 아니게 해치게 되는 경우가 허다하다. 나는 또 얼마나 많은 살생을 하는가, 얼마나 많은 죄를 알고도 짓고 모르고도 짓는가, 자문해본다.

　가끔 지상의 모든 생명들이 가까운 이웃처럼 다가올 때가 있다. 햇살이 눈부신 날, 나무 밑에 앉아 부처님 말씀인 금강경을 큰 소리로 읽으며 이 소리를 듣고 있는 모든 생명붙이들은 현재의 몸을 벗은 뒤엔 더 좋은 곳에 태어나기를 빌었다. 야생 고양이 두 마리가 걸음을 멈추고 귀를 쫑긋하더니 가르릉 소리를 낸다. 너희도 다음 생엔 주인의 귀염을 듬뿍 받는 예쁜 고양이로 태어나거라. 소나무에서 참새 몇 마리가 포르릉 날아오른다. 너희도 안전한 곳에서 둥지를 틀 거라. 앞집에 묶여있는 검둥이가 기지개를 켠다. 너도 다음생에는 사람으로 태어나거라. 그렇게 기도하는 날은 민들레는 더 샛노랗고 예쁘게 보이면서 나에게 고운 미소를 보내는 것처럼 환하다.

내 마음이 극락이니 온 세상이 극락으로 보이는 것인가. 마음속에 바람을 일으키지 않으면 고요하고 편안한데 쓸데없는 망상과 욕심 때문에 항상 마음속에는 황토바람이 분다. 자연의 길목에 서서 바라보면 자연만한 스승이 없다. 더욱이 시골살이는 모르고 짓는 죄가 많아지는 것 같다. 때론 그것 때문에 회의가 일기도 한다. 하지만 나 또한 자연이려니, 수많은 생명붙이에 둘러싸인 또 하나의 생명일 뿐이려니, 그것은 한낱 존재의 방식일뿐 죄가 아닐지도 모른다.

오대산 단풍나무 아래서

　태백산맥을 넘어오는 바람은 달다. 찬바람을 몰고 오는 가을 북서풍은 능선을 타고 계곡까지 넘실넘실 춤을 추면서 달려온다. 길게 누운 황소 등짝 같은 산등성이엔 불꽃잔치가 한창이다. 지나가는 바람과 하늘에 떠 있는 뭉게구름조차 숨을 죽인다. 날아가는 새들도 걸어가는 나그네도 황홀한 불꽃놀이에 잠시 멈추어 깊숙이 산 기운을 마신다.
　여인네 치마폭 같은 능선은 아련한 그리움의 산 그림자를 만든다. 가을 햇살은 알록달록한 물감을 풀어 온 산에다 뿌리느라 분주히 남실대고 오대산의 단풍은 능선을 넘어 계곡으로 내리닫는 바람을 타고 절 마당으로 살며시 내려온다. 월정사 경내에는 과거의 이야기와 현재의 이야기가 한데 어우러지며 8각9층석탑과 대웅전 지붕에도 회색빛 그림자가 드리워진다.
　요사채 앞마당, 붉게 물든 단풍나무 아래서 여인네들이 사진을 찍고 있다. 꿈 많은 18세 소녀가 된 것처럼 하얀 이를 드러내고 함박웃다가 문득 고개를 들어 산능선을 바라보더니 신음처럼 탄성을 토해낸다.

"아, 좋다!"

사내 품에 안긴 여인네 같은 산등성이를 황홀하게 바라본다. 천년을 그 자리에 박혀있는 바위와 씨앗 한 알 날아와 뿌리를 내린 단풍나무의 조화는 천생연분이다. 그것을 바라보는 나도 소녀처럼 가슴이 설렌다. 남편도 나이를 망각해버린 아이처럼 해맑은 미소를 짓는다. 햇살에서는 가을이 익어가는 달짝지근한 냄새가 난다. 계곡을 따라 옮기는 발자국마다 흐르는 계곡물 소리가 장단을 맞춘다. 웃음이 절로 나오면서 노래를 흥얼거린다.

오대산 단풍은 사내들 가슴도 여인네 가슴도 풍선처럼 부풀어오르게 하는가보다. 흔들리며 단풍이 든 나무나 흔들림 없이 굳건한 바위나 유유히 흘러가는 계곡물은 저마다의 방식으로 인생의 유전을 되비춰준다. 나뭇잎들은 떠나기 위해 마지막으로 화려한 빛잔치를 펼치고 있다.

봄바람이 부는 춘삼월 물이 오른 나뭇가지에 연록색 싹이 트고 나무마다 인연 따라 꽃이 피어난다. 수줍은 새색시처럼 얌전히 봄을 맞이하고 여름이 오면 혈기 왕성한 청년들처럼 무성한 잎으로 그늘을 만들어 세파에 지친 나그네들의 땀을 닦아준다. 가을엔 풍성한 황금빛 장년의 결실을 맞이하여 온 천지에 울긋불긋하게 빛깔의 향연을 펼친다. 가을하늘에선 동해바다처럼 파도소리가 들리는 것 같다. 유리 같은 계곡물엔 산 그림자가 내려와 알록달록한 물감을 잔뜩 풀어 놓았다. 화려한 잔치에 나그네들은 지친 영혼을 잠시 해방시킨다. 이제 곧 나무들은 가지 끝에 남아있는 한 방울의 물까지 땅속으로 보내고 죽은 듯이 서서 겨울을 견딜 준비를 할 것이다. 그러니까 이 화려한 잔치는 이별의 향연인 셈이다. 다시 찾아올 봄을 위하여 나뭇잎 하나도 남기지 않고 모두 버리는 이치를 알 것 같다. 버리는 것이 버리는 것이 아니다. 버려야만 채워지는 것이다.

  계곡을 따라 굽이굽이 오르면서 붉게 물든 산과 그늘진 바위와 맑게 야윈 계곡물을 바라본다. 사람들은 입을 다물지 못한다. "아!" 하면서 신음소리를 연이어 낸다. 얼마나 오랜만인가. 박수칠 때 떠나는 건 자연의 순리다. 나는 그것을 나무에서 그리고 흘러가는 계곡물에서 보았다. 말없이 몇 백 년을 서있는 나무는 자연에 순응하면서 바람이 불면 바람이 부는 방향으로 가지를 뻗고 몸을 기울인다. 눈이 오면 눈을 머리에 이고 새가 날아와 앉으면 새를 보듬는다. 모든 것을 내려놓고 있는 자태가 철학자의 모습이다.
  오대산은 찾을 때마다 다른 모습으로 나에게 다가왔다. 계절의 영향도 있고 세월 탓도 있다. 산은 언제나 그 자리에서 아무 말도 없이 묵묵히 있는데 바라보는 내 마음이 변했기 때문에 다른 모습으로 보았을 것이다. 너무 오래 자연을 멀리하고 도시에서 앞만 보고 살았다.

　내가 처음 오대산을 찾은 것은 60년 전 중학교 수학여행이었다. 당시엔 월정사에서 상원사까지 흙길을 걸어서 올라야 했다. 산도 계곡 물도 보이지 않았고 단풍을 아름답다고 생각했었는지도 기억나지 않는다. 내 고향에도 산은 높았고 계곡도 깊어서 매일 단풍 든 산모퉁이를 지나 개울을 건너 학교를 다녔으니 새삼스러울 게 없었다. 친구들과 같이 있는 것만이 가장 큰 즐거움이었다.

　똑같은 오대산이지만 60년이라는 세월이 흐른 지금 이렇게 아름답게 보이는 까닭은 무슨 연유일까? 나는 기도를 하려고 부처님 사리가 모셔진 적멸보궁에 여러 차례 다녀갔지만 채우려고만 했지 비울 생각은 못 했었다. 밤을 새워 기도해도 돌아설 땐 항상 가슴 속에 찬바람이 불면서 허전하였다. 버려야 채워지는 까닭을 일흔을 넘기고 아이들이 떠나간 후 너무도 아름다운 오대산 단풍을 바라보면서 깨닫게 되었다.

　오대산 단풍나무 아래, 물소리가 들리는 산사, 얼굴을 간지럽히는 소슬바람, 여기가 극락인데 그동안 너무 멀리서 찾은 것 같다. 소소한 행복은 채우려는 욕심이 앞서면 보이지 않는다. 씨앗 힌 일 인연 따라와 저 바위에 떨어져 백 년 이상 그 자리를 지키고 있는 나무들에게 산새들의 보금자리가 돼줘서 고맙다고 고개 숙이고 싶었다. 그동안 무심하게 바라보았던 푸른 하늘도 고맙고 시원하게 불어주는 바람도 고마웠다. 시월의 화창한 날 오대산 선재길을 같이 걸어주는 남편이 너무도 고마웠다.

　도시의 가을은 앞만 보고 달리는 급행 기관차 같다. 모두를 숨 가쁘게 만든다. 몇 백 년을 한자리에 서있는 나무처럼, 쉬지 않고 유유히 흘러가는 물처럼, 나는 그렇게 살아갈 수 있을까? 버려야 행복해지는 이유를 아는 것인가? 그래서 홀가분한 마음으로 모든 사람들에게 시원한 바람이 될 수 있을까? 오대산 단풍나무 아래서 자문하며 나는 남편의 손을 살며시 잡았다.

봉정암 가는 길

　봉정암은 설악산 정상에 있는 암자다. 부처님 사리를 모셔 놓은 곳이어서 불상은 없고 사리탑만 있다. 왜 자장율사는 이렇게 높은 산정에 부처님 진신 사리를 모셔 놓아 중생들에게 힘든 고행을 시키는 것인가. 아마도 깊은 뜻이 있을 것 같다.
　우리나라에는 부처님 사리를 모셔 놓은 5대 적멸보궁이 있다. 영축산 통도사, 설악산 봉정암, 오대산 상원사, 사자산 법흥사, 태백산 정암사이다. 그 중에서 설악산 봉정암은 해발 1244미터 기암절벽 아래 자리잡고 있다.

　봉정암에 가려고 어둠이 걷히지 않은 새벽길을 달려 내설악 백담사에 도착하였다. 오랜 세월 기도를 하러 다녔지만 봉정암을 간다는 것은 결코 쉬운 일이 아니었다. 이번에도 봉정암으로 가기 위하여 수없이 갈등했다. 생전에 열 번만 갔다 오면 극락세계에 갈 수 있다는 전설이 있는 암자다. 그만큼 어려운 고행 길이다. 나는 이번이

네번째다.

  처음은 시어머니와 동행이었다. 시어머니가 조계사에서 매 주일 법화경 공부를 같이한 팀들과 갈 때 나도 따라나섰던 것인데 초행길이라 겁이 나고 힘도 들었다. 그래도 어미의 마음은 자식을 위하여 두 번이 아니라 열 번도 다녀올 수가 있다고 생각한다. 자기와의 끝없는 싸움을 하면서 결정을 해야 하지만 자식의 일이라 나를 내려놓는 심정으로 봉정암을 향해 올랐었다.

  백담사 경내를 둘러보고 개울의 작은 다리를 건너 세 시간이나 걸려 산을 넘으니 오세암이었다. 이곳에서 하루 밤을 묵어야 했다. 산속이라 일찍 해가 지고 산 그림자는 짙었다. 암자에는 전국 각지에서 기도하러 온 신도들로 빼곡했다. 저녁 예불을 마치고 다음날 새벽 네 시에 시작하는 예불에 맞추기 위하여 일찍 잠자리에 들었다. 사오십 명이 한방에서 누웠다. 이렇게 낯선 이들과 같이 잔다는 것도 기도의 일부라고 생각했다. 벽 쪽에 부처님이 모셔졌고 양 옆에 촛불을 켜 놓은 방안에서 숨 쉬기조차 조심스러운데 잠이 오겠나, 속으로 염불을 하다가 잠깐 눈을 붙였다.

  새벽 세 시가 되자 새벽 예불을 준비하느라 보살들이 움직이기 시작했다. 어둠 속에서 세수를 하고 법당 앞에 두 손을 모으고 섰다. 시월의 차가운 산사 공기가 뼛속까지 파고들었다. 천수경으로 시작하여 반야심경으로 끝나기까지 무려 한 시간이 소요됐다.

  아침은 미역국에 밥이 전부였다. 반찬은 없지만 산속의 맑은 공기와 먹으니 진수성찬에 비할 바가 아니었다.

날이 밝자 참기름 냄새가 나는 주먹밥 하나씩을 나눠주었다. 가면서 점심으로 먹으라고 정성껏 마련해준 것으로 모두 무료였다. 오세암에서 봉정암까지는 다섯 시간 이상 걸린다. 산을 넘고 골짜기를 지나 또 산을 넘고 골짜기를 건너고를 여러 번 반복해야 하는 난코스다.

나는 갈 때마다 일행이 달랐다. 봉정암으로 가는 길에서 만났던 노보살님의 모습은 몇 십 년이 흘렀는데도 잊어버릴 수가 없다. 등산화를 신어도 조심스럽고 힘든 산행인데 하얀 여자고무신을 신고 산을 넘는 칠순의 노 보살님은 자식을 위해 기도하러 왔다고 했다. 나와 함께 걷게 된 노보살님과는 자연스럽게 마음속 이야기를 나눴다. 그분은 딸 셋을 낳고 막내로 아들을 낳았는데 그 아들에게 장애가 있었다. 아들의 장애를 고치려고 전국의 사찰을 가지 않은 곳이 없다고 했다. 꿈속에서라도 기적을 바란다고, 아들을 위한 간절한 희망은 죽는 날까지 포기할 수가 없다는 것이었다. 당신이 죽으면 아들은 누가 보살펴주느냐고 탄식하며 그동안 절에 보시한 것만도 금으로 치면 애기머리통만 할 것이라 했다. 보시를 그만큼 했다면 절은 또 얼마나 했을까. 무릎은 온전할까, 걱정이 앞섰다. 아들한테 기적이 일어난다면 당신은 모든 것을 다 주어도 아까울 게 없다은 그분의 모성에 감탄하지 않을 수가 없었다. 어미가 아니면 누가 자식을 위하여 손과 발이 닳도록 기도를 해주겠는가. 기도를 멈추지 못하는 이유는 어머니이기 때문이라고 생각했다.

 봉정암은 몇 개의 가파른 산을 넘어서 마지막 깔딱고개를 넘어야 한다. 숨이 깔딱 넘어간다고 하여 깔딱고개란 이름이 붙여진 것 같다. 숨조차도 내려놓아야 하는 곳이다. 절대 똑바로 서서 갈 수는 없다. 기어서 나무뿌리를 잡고 돌뿌리에 의지하며 허리를 숙인 채 올라야 한다. 그렇게 정상에 오르면 멀리 부처님사리를 모셔 놓은 사리탑이 보인다.
 먼저 온 보살들이 법당 안에 가득했고 기암절벽이 눈 아래 펼쳐졌다. 법당에서 기도하고 정상에 있는 탑 주위를 둘러서 밤새 기도를 한다. 법당 안에는 부처님이 없다. 창을 통하여 멀리 보이는 사리탑을 향하여 기도를 한다. 밤새 절을 하는 보살도 있고 다리가 아픈 보살님들은 앉아서 염불을 한다.
 생은 고해의 바다다. 좋은 일도 있고 나쁜 일도 있다. 그때마다 어떤 자세로 받아들이냐가 중요하다. 지혜가 있다면 현명한 판단력이 발휘될 것이다. 지혜는 경륜과 기도와 자기를 돌아볼 수 있는 성찰을 발판으로 열리는 것 같다.
 봉정암의 마지막 오르막 길은 기어서 올라야 한다. 고개를 숙이고 허리를 굽히고 나무뿌리나 돌뿌리라도 의지해야 오를 수가 있는 곳이다. 그것이 기도이며 자연이 일러주는 지혜일 것이다.

불멍 달멍

시월의 밤바다는 어둠 뒤에 숨어버린다. 파도 소리도 들리지 않는다. 칠흑 같은 수평선에 쟁반 같은 보름달이 올라오고 있다. 평소에 보는 달보다 크고 붉은빛이 돈다. 수평선 밑으로 붉은 노을빛이 반사되어 더 크게 보이는 것 같다. 손자가 달을 가리키며 소리쳤다.

"이렇게 큰 달은 처음 봐요. 붉은 빛이 나요."

흥분해서 강아지처럼 팔딱팔딱 뛰어다닌다. 나도 이렇게 커다란 달을 본 적이 없다. 가족 모두가 달이 뜬 밤바다를 바라보면서 동시에 환호했다.

"와!"

수평선 위에 떠 있는 달은 한 폭의 그림처럼 비현실적이고 신비스럽다. 누구든 소원을 빌면 어떤 소원이라도 다 들어줄 것 같다. 장고항리에서 바라보는 달은 동해에서 보는 달과 다르다.

사람들이 모이는 횟집은 바닷가에 자리 잡고 있다. 저녁인데도 왁자지껄 붐빈다. 코로나로 일상생활이 답답해진 사람들이 무작정 공기가 맑은 바닷가를 찾은 것 같다.

요즘 가족 중심으로 캠핑장이나 산, 바다를 찾아서 불멍을 즐기는 이들이 부쩍 늘었다고 한다. 아들에게 불멍이 무엇이냐고 묻자 아들은 웃으면서 내 손을 잡았다.

"어머니 불멍이란 장작불을 피워 놓고 멍 때리고 있는 것이에요."

"그럼 엄마들 젊은 시절에 장작불 피워 놓고 주위에 둘러앉아 노래 부르는 것과 같은 거니?"

"비슷하지만 그때는 여러 사람들이 즐겼지만 지금은 대부분 가족들이 조용하게 쉬는 것을 말합니다."

"코로나 때문인가."

씁쓸하게 혼잣말로 중얼거렸다.

젊은이들은 노는 방법도 다양하고 새롭구나 생각했다. 한편으론 측은하기도 했다. 직장에서 얼마나 힘이 들었으면 아무 생각도 하지 않고 멍하게 지내고 싶을까. 복잡한 머릿속을 정리하기엔 이런 방법도 좋겠다는 생각도 든다. 코로나19의 영향일지도 모른다. 사회적 거리두기니 격리니 하면서 사람들은 혼자 혹은 아주 가까운 가족과만 지내는 시간이 너무 길었다.

지난 번엔 아들과 제천에 있는 리조트에 다녀왔다. 산속이라 산책길이 가파르고 숲이 무성해서 그런지 나이 많은 어르신들은 눈에 띄지 않고 대부분 젊은이들이었다. 답답하던 차에 젊은이들이 자유롭게 활보하는 것을 보니 숨통이 트이면서도 다소 걱정이 되었다. 나는 백신을 맞았는데 저들도 물론 백신은 맞았겠지 했었다.

그런데 이곳 바닷가엔 중장년층도 꽤 많다. 답답한 마음이야 다 똑같지, 나이와 무슨 상관이 있겠나. 아들은 불멍을 하자면서 화로에 장작불을 지폈다. 자동차에 싣고 온 캠핑 장비를 꺼내 화로 옆에 탁자와 의자를 펴더니 와인까지 셋팅을 했다. 그럴듯한 분위기가 되었다. 장작불 속에는 낮에 밭에서 캔 고구마가 은박지에 싸여 맛있게 익어가고 있다. 장작이 탁탁 소리를 내면서 파란 불꽃이 피어오른다. 소나무 사이로 보이는 보름달과 별들이 무척 정겹다. 달빛 아래서 장작불꽃이 활활 타는 걸 바라보는 아들을 가만히 건네다본다. 아들 얼굴에서 세월이 흘렀음을 실감한다. 내년이면 마흔이 된다니 세월 참 빠르다. 거의 15년을 외국 생활을 하다가 귀국한 지 일 년되었다. 외국에서 학교를 다니고 직장생활도 하느라 너무 오랫동안 떨어져 살았다. 그래도 아쉬움을 표현하지 못했다. 겉으로는 씩씩한 엄마로 보이고 싶었고 자연스런 순리로 받아들이려고 많은 노력을 하였다. 그런데 아들 옆에 앉으니 어릴 때 생각이 나면서 가슴이 벅차오른다. 고구마 캐는 것도 도와주고 엄마, 아빠하고 같이 있겠다고 식구들을 데리고 내려왔다.

남편과 나는 이곳에 오면 할 일이 많았다. 가끔씩 오는 집이라 손 볼 것이 여간 많지 않다. 유유자적 쉬러 오는 것이 아니라 집 걱정이 되어 오는 만큼 오는 즉시 일에 매달려 있다가 서울로 갈 때는 지쳐 버리곤 한다. 텃밭에 씨앗을 파종하고 커가는 모습을 보는 건 재미있는데 풀 뽑는 일이나 집안 치우는 일은 힘이 들고 끝이 없다. 지친 몸으로 저녁에 맥주 한잔 하는 것이 유일한 쉼이고 낙이었다. 그러니 불멍 같은 걸 알 턱이 있겠나.

 와인 잔을 기울이며 열심히 달려온 세월을 반추하다가 만감이 교차하여 고개를 젖히니 소나무 사이로 달이 도도하게 내려다보고 있다.

 아들은 외국생활을 오래해서 그런가. 꽤 낭만적으로 변했다. 어릴 때부터 긍정적인 성격에 상대편을 배려하는 마음이 남달랐었다. 특히 엄마인 나에게는 항상 힘을 되어준 아들이었다. 나를 긍정의 힘으로 이끌었고 지치지 않는 에너지를 주었다. 캠핑 의자에 깊숙이 기대앉아서 와인 잔을 기울이는 아들이 듬직하다. 직장에서도 원만하게 생활을 하고 있는 것 같다. 아들은 아버지와 엄마와 많은 이야기를 나누기를 원했지만 우리 부부는 서늘한 밤공기 핑계를 대며 일찍 자리를 떴다. 하긴 불멍을 즐기는 것보다 누워 있는 것이 더 편안한 나이가 되고 말았다.

 불멍을 하자고 자리를 마련한 아들의 마음 씀씀이가 고마웠다. 부모가 늙어가는 모습이 안타까웠을까. 간혹 시간을 같이하기를 바라지만 내가 사양할 때가 많다. 젊은이는 젊은이답게 쉬어야지. 며느리 입장을 생각하면, 나이 많은 부모와 같이 다니는 게 불편하지 않겠나 싶어서다. 그래도 아들의 성의에 섭섭하지 않을 정도로만 가끔 동행을 한다.

방으로 들어와 불을 끄고 누우니 친정어머니가 간절히 생각난다. 종가집 종부였던 친정어머니는 항상 상대편 입장에서 생각해본다면 마음 상할 일은 없다고 말씀하셨다. 그 말씀은 내게 그대로 들어와 처세철학 내지는 생활지침이 된 것 같다. 역지사지하면 화날 일도 없고 억울한 일도 없다. 모두가 내 탓이니까.

창밖에서 달이 환하게 미소짓는다. 잠은 달아나버렸다. 오늘밤은 누운 채 달멍이다.

텃밭이여 안녕

20년 동안 경작했던 밭인데 올해는 수난(受難)을 겪고 있다. 제대로 가꾸지 못해 채소밭인지 잡초밭인지 분간하기가 어렵게 되었다. 20여 년 전 형제들이 이곳 장고항리에 작은 집을 짓고 집 옆에 텃밭을 만들었다. 밭 면적은 어림잡아 100평 남짓하다. 처음 시작할 때는 젊었고, 여러 명이 모여 취미로 하는 것이라 부담도 없었고 재미가 있었다. 여러 가지 채소는 기본이고 수박도 심어보고, 참외, 땅콩 등 토질에 맞는지 안 맞는지 따져보지도 않고 무조건 보이는 모종은 모두 사다 심었다. 새로운 생명에 대한 호기심이었다. 얼마큼 자랐을까 하는 기대감으로 주말마다 시골집으로 달려가곤 했었다.

텃밭 가꾸기는 시어머니의 유일한 취미였다. 자식들은 시어머니의 취미를 도와주는 정도여서 농사에 대하여 아는 것이 없었다. 처음엔 나만 빼고 나머지 형제들은 서울에서 자라 풀인지 채소인지조차 구분을 못 했다. 병아리가 어미닭 쫓아다니듯 시어머니가 하라는 대로만 하였다. 농사에 대하여 전혀 모르는 남편은 시어머니가 시키는 대로 하는 바보였다. 이런 아들이 답답한지 시어머니의 목청은 높아만 갔다. 지나가는 동네 어르신들이 늙은 아들 잡는다고 웃으면서 수군거렸다. 나도 한술 더 떠서 남편을 놀렸다.

"어머니 앞에만 서면 아이큐 70."

남편은 빙그레 웃기만 했다. 남편은 어머니가 좋아하는 것이라면 무엇이든지 해주는 효자였다. 잡초를 제거하고 작은 돌도 모두 골라내어 밭은 떡가루처럼 부드럽게 되었다. 농사 전문인 동네 어르신들이 지나가면서 충청도 사투리로 한마디씩 했다.

"흙을 너무 고르면 땅이 숨을 쉴 수가 없시유."

"흙두 숨구멍이 있어야 농사가 잘 돼유."

그 말은 들었는지 듣고도 못들은 척하는지 시어머니는 병적으로 밭을 채로 친 것처럼 만들고자 했다. 밭은 온갖 채소의 만물상이 되었다. 시어머니가 치매가 와서 농사를 경작하지 못할 때까지 동네에 소문이 날 정도로 밭은 윤기가 자르르 흘렀다. 농사는 정성을 쏟은 만큼 잘 되었다. 이곳은 바다가 가깝고 토질도 황토라 물이 잘 빠졌다. 고구마, 무, 감자 같은 뿌리채소들이 잘 되었고 맛도 좋았다.

시어머니와 형제들은 오랫동안 같이 살자던 약속을 지키지 못했다. 특히 대장격인 시어머니가 치매로 분별력이 없어지자 밭은 본래의 모습을 잃어가기 시작했다. 시어머니가 돌아가시고 남편과 둘이

할 때는 시어머니 하는 것을 옆에서 본 것이 있어 그런대로 밭 모양은 유지했다. 비닐을 씌우고 밭골에다 부직포를 덮고 풀과의 전투 준비를 단단히 하였다. 제초제를 쓰지 않아 해마다 신종 풀씨들이 극성스럽게 날아와서 터를 잡았다.

여름 장마가 시작되면 틈새로 올라온 풀들이 작물을 덮어버렸다. 텃밭은 매일 돌봐야 하는데, 서울에서 가끔 내려가는 우리에겐 감당할 수 없는 스트레스였다. 잡초를 다 뽑고 올라왔다가 얼마 뒤 내려가면 언제 풀을 뽑았는지 모를 정도로 풀숲을 이루었다. 여름마다 풀과의 전쟁이었다.

형제도 시어머니도 남편도 모두 가고 나 혼자 남겨졌다. 그렇다고 밭을 없앨 수는 없었다. 밭이나 논은 우리나라의 농지법에 따라서 농사를 지어야 한다. 고추와 가지를 몇 두렁만 심고 나머지는 고구마를 심었다. 5월 초에 심으면 그런대로 6월까지는 밭 모양을 갖추고 있었다. 그러다 장마철이 되면 잡초가 기승을 부리고 정원수가 멋대로 가지를 뻗었다. 바닷가라 습한데다 올해는 이상기온으로 비도 많이 와서 성장 속도가 더 빨랐다.

자식들에게 구원을 청했지만 관심 밖이었다. 혼자 가서 일을 한다는 것도 내키지 않았다. 밭도 집도 제대로 관리를 하지 않아서 폐가가 되기 전 단계다. 풀밭이 된 것을 보고 몸이 아파서 못 오는 것인가 아는 이웃들의 확인 전화기 왔다. 여름이 지나자 고구마 밭에 고구마 잎은 보이지 않고 잡초만 무성했다. 수풀이 되어버린 밭에 들어갈 엄두도 내지 못하고 쳐다만 보고 되돌아섰다. 밭도 주인처럼 몰골이 엉망이 되눈구나 하면서.

찬바람이 불자 풀밭 속에 있는 고구마를 캐어야 할 것 같아 또 도움을 청했다. 도와준다고 내려온 사람은 첫째사위와 첫째 사돈 내외분이다. 사돈과는 나이 차이가 많이 났지만 친화적인 남편 덕택에 여행도 같이 다니고 김장도 같이 하며 형제처럼 지냈다. 그동안 건강이 좋지 않아서 몇 년 내려오지 못했는데 혼자된 나를 도와준다고 무리해서 내려온 것이다. 무성했던 풀은 기온이 내려가자 누렇게 주저앉고 풀 속에 있던 고구마 줄기가 드러났다.

호미로 밭두렁 흙을 파자 고구마 줄기에 따라 올라오는 고구마는 자라지 못해 비비꼬였다. 안타까운 마음에 한숨을 쉬면서 한마디 하고 말았나.

"아이쿠! 불쌍한 것들, 땅 속에서 얼마나 힘들었을까."

"주인을 잘 못 만났네."

"그래서 자라지도 못하고 통통해지지도 못했네."

고구마 줄기에 아차같이 붙어 있는 손가락만 한 고구미를 보면시 안쓰러운 마음마저 들었다. 농사는 정성을 들인 만큼 결실을 보여준다는 것은 진리다.

고추도 마찬가지였다. 20여 년 텃밭 농사를 짓는데 올해는 풀 속에서 보물 찾듯이 고추를 찾고, 비틀어져 형편없는 몰골의 가지를 따면서 내년부터 텃밭과 안녕이다, 생각했다.

 이 텃밭은 나에게 잊어버릴 수 없는 추억의 장소다. 남편과 시어머니와 형제들이 함께 보냈던 아름다운 추억이 고스란히 간직된 곳이다. 그리운 얼굴들, 그리운 시간들, 이 그리움마저 흐려질까 안타깝고 두렵다.

모란 (45x45cm) 염색 silk 작가 최윤실

2부

혼자 남겨진다는 것

그날

내 몸은 그날에 일어났던 사건들을 기억하고 있다. 가슴 밑바닥에 숨겨 놓았던 슬픔이 흔들리기 시작했다. 남편과 다시 만날 수 없는 영원한 이별을 하고 혼자서 지낸 시간이 일 년이 되었다. 괜찮다고 다짐하면서 보냈다. 나약한 모습을 보이고 싶지 않았다. 잊어서가 아니라 생각하지 않으려고, 생각이 날 때마다 머리를 흔들면서 눈을 감았다. 불경에 나오는 그럴듯한 좋은 말로 포장을 하였지만 모두 말뿐이란 것을 그날 깨달았다. 어쩔 수 없이 무너져 내렸다.

부부란 오백생과 오백생이 합쳐 천생연분이 된다고 한다. 부부의 인연은 결코 쉽게 만나지는 인연이 아니라는 뜻이다. 남편은 노래를 좋아했고 목소리가 부드러웠다. 주위 사람들로부터 점잖다, 부드럽다는 칭송을 듣곤 했었는데, 나는 박력이 없다고 핀잔을 자주 했었다. 예민한 시아버지는 가끔 "아가, 너는 죽는 날까지 네 남편 속을 모를 게다" 하셨다. 그는 이 세상을 하직할 때도 힘들다는 말을 하지 않았다. 끝까지 나에게 괜찮다고 했다. 얼마나 무섭고, 보고 싶고, 할 이야기가 많았는지 내가 응급실에 들어갔을 때는 심장은 멈추었는데 눈을 감지 못한 모습이었다. 하늘이 무너지는 것 같았다. 마지막 임종할 때 불러주면 극락세계로 간다는 아미타경 염불도 해주지 못했다.

  나는 소리내어 마음 놓고 울지도 못했다. 나이가 든다고 감정까지 늙는 게 아니란 걸 절실히 깨달았다. 화장장 앞에서 영원히 다시 볼 수 없는 남편을 떠나보내면서, 곧 흔적도 없이 사라질 남편을 배웅하면서 울고 있는 내 모습을 내려다보던 사람들 시선이 왜 부끄럽게 느껴졌는지. 다 나이 탓이었다. 그날 이후 나는 마음 놓고 울지도 못하는 나이가 되었구나 하는 생각으로 쓸쓸해졌다. 자식들 앞에서도 사람들 앞에서도 울음을 꾹꾹 눌러 참았다. 주위에서 빨리 적응한다고 걱정 아닌 안도의 표정들을 짓는 것을 보면서 가슴을 쓸어내리곤 했다. 얼마를 혼자서 더 살아가야 되는지 알 수 없지만, 혼자 일어서야 한다고 수도 없이 나에게 최면을 걸면서 시간을 보냈다. 내 삶이 끝나는 순간까지 후회하지 않는 삶을 살고 싶었다. 그래서 자식들 앞에서 거짓으로 호기를 부려 보았다.

  그날 코로나로 환자들이 밀려서 응급실 밖에서 한 시간을 기다리지 않았다면, 다른 병원으로 갔더라면, 그날 내가 외출하지 않았더라면, 외출에서 조금만 더 일찍 집으로 돌아왔더라면, 수없는 가정으로 밤을 새웠다. 밤바다 검은 파도처럼 무섭게 밀려오는 상념을 벗어날 수가 없었다. 모든 것이 내 잘못이라는 자책으로 괴로웠다.

다시 그날이 돌아오자 꽁꽁 숨기고 지내왔던 내 몸의 세포가 모든 것을 알고 있다는 듯 날카롭게 날을 세웠다.

일주기가 다가오자 그동안 참았던 몸이 아프기 시작했다. 밑바닥에서 올라오는 그리움이 나를 무기력하게 만들었다. 며칠을 외출도 하지 않고 전화기도 꺼 놓고 동굴 같은 집에서 지냈다. 남편이 쓴 글을 읽어보고 같이 살면서 좋았던 일, 힘들었던 일들을 돌아보고, 그러면서 나는 남몰래 그리움을 토해냈다. 사진 속에 있는 당신은 행복하게 웃고 있다. 좀 더 잘해주지 못해 미안해요, 말을 걸면 당신은 더 다정하게 미소를 짓는 것 같았다. 나는 몸과 마음이 더 아팠다.

그날에 일어난 일들은 어제 일어난 것처럼 하나하나가 되살아났다. 나는 넓은 생김을 먹은 것처럼 가슴이 답답하고, 눈은 생솔가지 내를 쐬듯 눈물이 나면서 맵다. 눈에 보이는 남편의 흔적들을 지우려고 일 년 동안 생살을 찢는 심정으로 버리면서 지냈다. 그럴수록 내 마음속에 짝 달라붙은 젖은 낙엽 같은 흔적은 더 선명해졌다. 이젠 손도 잡을 수가 없다. 같이 음악을 듣지도 못한다. 감미롭게 노래를 불러주던 모습이 미치도록 보고 싶다. 무인도에 나 혼자 널어진 것 같은 적막에 휩싸이면 나는 하늘을 우러러본다.

"당신 보고 있어요?"

우린 영원히 헤어졌지만 추억은 내 가슴 속에서 더 견고하게 여물어가고 있다. 내 생이 끝나는 날 남편과의 삶을 되돌아본다면 행복하게 떠날 수 있을 것 같다. 우린 불꽃같은 삶을 살아온 것도 아니고, 잔잔한 호수 같은 삶도 아닌, 길가에 핀 이름 없는 들꽃처럼 소박한 삶이었다. 무난했고 자족했으니 다시 만나도 또 그러할 것이다.

혼자 남겨진다는 것

　나는 들판에 서 있는 겨울나무다. 바람 부는 한겨울에 앙상한 가지만 남아서 추위에 떨고 있다. 그동안 풍성한 잎이 있었고, 아름다운 꽃이 피었고, 달콤한 열매들이 달렸는데 이 모든 것들이 나에게서 떠나가고 혼자 남겨졌다. 앙상한 가지만 남아서 축제 같았던 지난날을 그리워하고 있다. 서로 아옹다옹 부대끼던 나의 분신들도 보금자리를 찾아 떠나고, 작은 세상을 만들어갔던 나의 짝은 잘 지내라는 말 한마디 못하고 내 곁을 떠나갔다. 마치 바람 앞에 등불처럼 눈 깜짝할 사이 꺼져버렸다. 이제 나는 한겨울 나목처럼 추위에 떨고 있다.

　언제나 내 곁에는 영원히 나를 지켜줄 것 같았던 남편이 있었다. 내가 기댈 수 있는 든든한 버팀목이었다. 모두가 떠난 자리에서 나는 어린아이처럼 무엇을 해야 할지 몰라 허둥대고 있다.
　무기력하게 벌레처럼 웅크리고 있다. 먹지 않아도 배가 고프지 않다. 시계의 초침은 계속 가고 있지만 내 마음 속 시간은 멈추어버렸다. 고요함이 한없이 무섭다. 깜깜한 암흑 속으로 빨려 들어가는 기분이다. 먹구름 같은 슬픔이 목구멍을 타고 넘어 오면 숨이 막힌다. 혼자 남겨지는 것은 희망이 없어지고 내일이 없어지는 것이다.

어머니의 장례식을 치르고 온 날 말로 표현할 수 없이 쓸쓸해하던 아버지의 얼굴이 떠오른다. 어머니와 칠십 년을 같이 살아온 구순의 아버지는 휑하니 빈 방을 보면서 한없이 쓸쓸해했다. 한쪽 팔이 떨어져 나간 기분이라고 하셨다. 그때 아버지 마음이 지금 내 마음 같았을까. 그때 아버지의 슬픔은 당신 신체의 일부분이 없어진 것 같은 아픔이라고 했다. 그런 아픔을 품고 칠년을 고통 속에서 견디다 가셨다. 자식들은 아버지의 고통을 알지 못했다. 모두들 팔이 떨어져 나가는 아픔을 경험해 보지 않아서 몰랐을 것이다. 배우자의 사별은 아버지의 표현대로 내 신체의 일부분이 떨어져 나간 것처럼 아프고 절망적이다. 바람 부는 벌판에 홀로 서 있는 겨울나무 같다.

홀로 남겨진다는 것이 얼마나 무섭고 슬픈 것인지 하루하루 온몸이 말하고 있다. 남편 얼굴만 생각해도 금방 눈물 한 바가지, 현관만 바라봐도 금방 웃으면서 들어올 것 같아 또 눈물 한 움큼, 혼자 식탁에 앉아서 밥 한 숟가락 입에 넣으면서 눈물 한 숟가락 쏟아낸다. 내 눈 속에 그렇게 많은 눈물이 있다는 것을 알지 못했다. 내 가슴속에 퍼내도 줄어들지 않는 눈물샘이 있는 줄 몰랐었다. 오랫동안 같이 있으리란 착각에 빠져 못 해준 것이 너무 많아서 또 후회의 눈물을 주루룩 흘린다.

아주 보잘 것 없는 작은 허물도 감싸주지 못했다. 옷도 구색 맞춰 못 입는다고 핀잔준 것, 걸음걸이가 느리다고 잔소리한 것, 그따위가 무에 그리 대단하다고 혼자 남겨지고 나니 내 어리석음에 숨이 막힌다. 산책할 때 걸음이 느리다고 잔소리만 했지, 손잡고 같이 못 걸었던 것이 상처에 왕소금을 뿌린 것처럼 쓰라리다.

누구나 혼자 남겨지지만 남의 일처럼 생각하면서 살아간다. 혼자 남겨지고 나니 나이하고는 상관이 없다. 자식들이나 주위에서는 먹을 만큼 먹은 나이니까 잘 견딜 것이라고 믿는 눈치다. 적은 나이가 아니라서 울고 싶어도 사람들 앞에선 울지 못한다. 자식들 앞에서는 더욱 울 수가 없다. 함께 살아온 세월이 길어 추억할 것이 너무 많아서 혼자라는 게 더욱 어렵다. 떠나보내야지 하는 이 마음도 세월이 가면 퇴색해버리겠지만, 아직은 추억할 것이 너무도 많고 할 말이 많아서 보내지 못하고 있다. 옷장 속에는 옷이 그대로 있고 현관에는 마지막 신었던 신발이 가지런히 놓여있다. 혼자 남겨진다는 것은 신체의 일부분이 없어진 느낌이나. 바람 부는 언덕에 떨고 있는 겨울나목처럼 시리다.

흔적

그리움이 먹물처럼 가슴속에 퍼진다. 남편 생각이 날까봐 집근처 공원을 오랫동안 찾지 못했다.

여덟 달 만에 남편과 같이 걸었던 공원으로 나와 벤치에 앉았다. 남편이 앉았던 벤치의 나뭇결을 손바닥으로 쓰다듬어 본다.

그해는 늦더위가 기승을 부렸다. 목덜미에 땀이 촉촉하게 배어 나오는 9월 초였다. 연한 브라운 양복을 입고 나온 서른 살의 남자는 전형적인 공무원 모습으로 겉으로는 나와 어울리지 않은 스타일이었다. 내가 더 커 보일 정도로 왜소한 체형에 얼굴이 아주 곱상했다. 눈은 얄팍하면서 매섭고 작은 편이라 날카롭게 보였다. 나는 결혼 상대를 외모는 따지지 않는다고 하였지만 아주 흡족한 외모는 아니었다. 맞선 보는 장소에 신랑의 누나가 따라나왔다. 내 쪽에서도 여섯 살 위의 언니가 같이 나갔다. 우리 둘만 남기고 누나와 언니가 자리를 뜨자 어색한 침묵이 흘렀다. 머뭇거리던 그가 말했다.

"나가서 걸을까요?"

나는 고개를 끄덕이면서 일어났다.

우리가 만나기로 한 약속 장소는 한국일보 스카이라운지였다. 휴무였던 것도 모르고 약속을 잡은 남자는 당황했다. 일요일이라 안국동 일대의 모든 가게들이 문을 닫아서 들어가 이야기를 나눌 만한 곳이 없었다. 한참을 헤맨 끝에 겨우 찾아낸 곳은 허름한 간판이 붙어있는 조계사 절 앞이었다. 다방 안은 담배연기가 자욱하고 어수선했다. 간 날이 장날이라고 흑백 TV에서는 야구 중계를 하고 있었다.

소란스럽고 어수선한 다방을 나온 우리는 목적지도 없이 무작정 걷기 시작했다. 겉모습과는 다르게 서울 말씨에다 목소리가 부드러웠다. 고시공부만 하느라 연애경험이 없어서인지 행동은 세련되지 못했지만 모범생처럼 보였다. 공무원이니 밥은 굶기지 않을 것 같고, 장남이라 생각이 깊고 건실할 것 같았다. 이야기는 서로 주거니 받거니 끊없이 이어졌다.

우리는 전형적인 중매로 만났다. 사귀어 보고 결혼한다는 것은 생각하지 못했다. 당시 스물일곱 살은 노처녀라는 소리를 들었다. 네 번을 만나는 동안에도 서로에게 아는 것이 별로 없었다. 나이 찬 딸이 선을 본 남자를 만난다니까 걱정이 된 아버지가 강릉에서 올라왔다. 상대편 아버지는 나를 보자 마음에 드셨는지 초면인데 친정아버지를 당신 집으로 자리를 옮겨서 들지도 못하는 술까지 들게 했다. 우리의 의사와는 무관하게 두 분은 이미 사돈이 된 것처럼 움직였다. 나도 8년을 있었던 오빠 집을 나와야 할 것 같아서 첫 눈에 뿅 가는 상대는 아니었지만 큰 흠도 없으니 시집을 가야겠다고 마음을 먹고 있었다. 그때 내 심정은 파도에 밀려가는 것처럼 조급했다. 세상 물정을 모르는 나는 맏며느리가 된다는 것에 대한 두려움도 없었다. 나만 잘하면 될 것이라는 가벼운 마음이었다.

결혼에 대한 두려움이 없었던 나는 시어른들의 완벽한 맏며느리 만들기 프로젝트라는 덫에 걸려 들었다. 시아버지의 교육은 제일 처음 나에게 명심보감이란 책을 주는 것으로 시작되었다. 시간이 갈수록 미술사, 한국역사, 세계역사까지 당신이 알고 있는 것을 밤이 늦도록 며느리인 나에게 이야기하셨다. 그림을 전공한 맏며느리에게 가르쳐주고 싶은 것이 많았던 것 같고, 실은 이야기 상대가 없었기 때문에 내게 그렇게 자주 말씀을 하신 것 같다. 저녁마다 시아버지의 말 상대가 되어서 밀려오는 잠을 이겨내는 것도 큰 고역이었다. 시아버지의 생각은 맏며느리만 교육을 잘 시키면 집안의 기강이 서고 아랫동서 둘은 저절로 보고 배운다고 생각한 것 같다. 그 마음을 알기에 춤추는 고래처럼 살았다. 맏며느리인 나는 6년을 같이 살다 분가를 하였지만 끝까지 나를 인정해주고 믿어주었다. 밑에 동서들은 결혼과 동시에 살림을 내놓았다. 그런데 다행인 것은 강한 두 분 사이에서 태어났지만 남편의 성격은 전생에 도를 닦은 사람처럼 부드러웠다.

결혼하고 보니 다행스럽게도 남편의 성품은 온순하고, 정직하고,

별 말이 없었다. 별 말이 없어도 내가 기댈 수 있는 언덕 같은 사람이었다. 남편이 있어서 나는 빛났고 평범한 행복을 누렸다. 나를 인정해주는 시아버지와 남편의 부드러운 성격이 나를 춤추는 고래로 만들었다. 남으로 만나 46년을 부부로 함께 세월을 보냈다. 그런 사람을 나는 작별 인사도 하지 못하고 보낸 아쉬움에 목이 멘다.

공원에는 해가 저문다. 남편과 앉았던 벤치에서 일어나 같이 걷던 길을 혼자서 걸었다. 나에게 숨 쉬는 운동만 한다고 반 농담처럼 진담을 하던 남편의 목소리가 귓가에 쟁쟁하게 들려왔다.

물처럼 바람처럼

지금까지 나를 잃어버리고 살아왔다. 나 아닌 나로 살아온 것이다. 누구의 아내, 누구의 딸 아니면 누구의 며느리. 엄마, 나를 표현하는 말은 셀 수 없이 많았지만 진짜 나는 없었다. 수많은 시간을 그렇게 보내면서 나는 왜 나를 찾으려고 하지 않았을까? 지금 와서 의문을 제기해 보지만 관습에 묻혀서 내가 누구인지 생각조차 하지 않았다. 남편이 떠나고, 자식들이 떠나고 내 등에 짊어진 짐들을 내려놓자, 이제 내가 보이기 시작했다.

짊어진 짐이 없어졌지만 또 다른 짊을 짊어지기엔 나는 이미 늙어 있었고 시간도 없다. 온전한 내 시간이 되자 무기력한 노인으로 살아가기는 싫었다. 글을 쓰기 시작했다. 전공이 아니기 때문에 좋은 글을 기대하지는 않지만 진정을 다해 정성껏 쓰고 싶은 것을 쓸 것이다. 우선 소박한 내 이야기를 써서 나를 잃어버리고 살았던 내 자신을 위로해주고 싶었다.

세상에 알려지든 말든 그런 것은 나에게는 중요하지 않다. 자신이 누구인지도 모르고 살다 가는 나와 같은 어머니들에게 이야기를 건네고 싶다.

　유년 시절엔 엄격한 유교집안인 대가족 속에서 양보하고 남을 배려하면서 살았다. 대학진학을 위하여 서울로 올 때 연애하면 너 팔자 망칠 것이란 아버지의 말씀이 걸려 연애 한번 못해봤다. 학교 교문 앞에 남학생이 와서 기다리고 있어도, 신문에 내 사진이 나와서 군인들에게 편지가 뭉치로 와도 나를 더 이상 앞으로 나가지 못하도록 아버지의 말 한마디는 울타리가 되어 나를 가두었다. 부모님을 실망시키지 않겠다는 일념으로 모범생도 아니면서 모범생 흉내를 냈다.

　나는 일어나지도 않은 근심 걱정으로 그물에 걸리는 일이 너무도 많았다. 모든 것이 나를 옥죄인다고 생각했다. 지금 와서 생각해보니 나는 그물을 뚫을 용기가 없었던 것이었다. 부모 핑계를 댄 겁쟁이였을 뿐이다. 부모에겐 착한 딸이고 싶었고, 모든 사람들에게 착실하고 모범적인 사람으로 보이고 싶었다. 그러니까 나는 착한 아이 증후군에 빠져서 살았던 것 같다.

　첫 번째 맞선도 아버지와 같이 나갔다. 내 의사와는 상관없이 아버지가 퇴짜를 놓았다. 겸손하지 않다는 게 이유였다. 얼굴도 생각나지 않은 그 남자는 나한테 거절당한 것이 아니라 아버지의 마음에 들지 않아 두 번 다시 만나지 못했다. 결혼이란 결국 내 운명이고 나의 팔자라는 생각이 들 때가 많았다. 남편과의 결혼생활도 착한 아이 증후군의 영향에서 벗어나지 못했다. 착한 맏며느리로 유순한 아내로 현명한 어머니로 사는 게 목표였다. 그렇게 살다보니 대체로 순탄했다. 가끔 남편을 둘러싸고 있는 가족들 사이에 크고 작은 일들이 일어났다. 아버지는 당신 딸이 장애 없이 바람처럼 그물을 지나가길 바랐을 뿐이다. 아버지의 깊은 마음을 알고 있었기에 돌아가시는 날까지 아버지 앞에서 고달픈 이야기를 해본 적이 없다.

 내 곁을 모두 떠나가고 혼자 남겨졌을 때 처음에는 당황하고 슬펐다. 무엇을 해야 할지 몰라 우왕좌왕하면서 시간을 보냈다. 다행인 것은 오랫동안 절 마당을 밟은 탓인지 남들보다 빨리 내 자신으로 돌아올 수 있었다. 모든 것이 인연 따라 간다는 것과, 만나면 반드시 헤어진다는 것을 받아들였다. 마음에 출렁이던 파도가 잠잠해 지기 시작했다. 계절도 봄, 여름, 가을, 겨울이 있는 것처럼 우리 몸도 사계절이 있고, 몸도 흙과 물과 바람과 불로 사라진다는 세상 이치를 마음 깊이 새기면서 욕심도 줄어들었다. 나를 둘러싸고 있던 단단한 편견의 껍질을 깨고 구름처럼 물처럼 바람처럼 살아가리라 다짐했다.
 언제부턴가 참나를 찾기로 했다. 그물에 걸리지 않은 물처럼 바람처럼 살아가리라 마음에 뜨거운 방망이를 한방 후려쳤다. 올 때도 혼자 왔지만 갈 때도 혼자 가는 것을 알면서 모르는 척했던 나는 정신이 번쩍 들었다. 떠오르는 아침해는 순간에 떠서 여운을 남기지 않지만, 저녁에 지는 해는 오랫동안 하늘에 깊은 여운을 남기고 떠난다. 우리 인생도 그럴 것이다.

어느 날 자식들에게 선포를 하였다.

"난 이제 그물에 걸리지 않은 물처럼 바람처럼 살아갈 거야."

다음날 제주도로 향했다. 제주도의 바람을 느끼고 싶었고 바다를 보고 싶었다. 첫 번째 계획은 가방 하나 들고 무작정 떠나는 것이다. 나를 만나자 무서움이 없어지면서 용감해졌다. 누구에게도 의지하고 싶지 않았다. 자식들에게 아프다고 징징거리지 않고, 혼자서 운전을 하고, 내가 좋아하는 젊은 가수의 노래를 들으면서 바다에도 가고 꽃구경도 하고 싶었다.

고향에 있는 아주 작은 모교를 찾아서 복도에 내 그림 한 폭을 걸고 싶다. 봉사도 하고 싶고, 작은 암자 선방에서 참선도 하고 싶다. 마음을 다잡고 눈을 크게 뜨자 지인으로부터 문경의 봉암사 선방에서 명상을 할 수 있다는 소식이 들려왔다. 봉사단체에 나가서 봉사할 기회도 주어졌다. 그동안 보지 못하고 생각하지 못했던 일들이 나를 기다리고 있었다.

나를 만나자 바다 물빛부터 다르게 보였다. 바다는 똑같은 푸른색인 줄 알고 살아왔다. 동해바다와 서해바다, 제주도 바다는 느낌의 차이지만 미세하게 물 색깔부터 다르다는 것도 알게 되었다. 깨끗한 모래를 품고 있는 동해와 진흙인 갯벌을 품고 있는 서해, 검은 돌을 품고 있는 제주도 바다의 물색은 우리 인간의 마음과도 같다는 생각이 들었다. 무엇을 품고 있느냐에 따라 보이는 색깔이 달라진다. 물은 무색무취(無色無臭)이다. 우리 마음도 물과 같이 형상(形象)도 없고 색도 없고 냄새도 없다. 산다는 건 결국 속에 품은 마음의 작용이다. 바다는 우리가 어찌 살아야 할지를 일러주는 것 같다. 쉼없이 우리를 일으키고 깨우는 것은 자연의 울림이다.

 지나간 과거에 매달리지 않고, 오지도 않는 미래를 걱정하느라고 현재를 잃어버리고 살았던 어리석음을 반성하면서 물처럼 바람처럼 살아가리라 다짐해본다.

가끔 비바람 몰아쳐도

 가슴에서 공허한 바람소리가 들린다. 스쳐가는 바람이기를 간절하게 바라면서 5년이라는 세월을 캄캄한 긴 터널 속을 걸어가는 심정이었다.
 6개월마다 외국에서 10시간 비행기를 타고 들어와 정기검진을 받는 둘째딸을 바라보는 어미의 마음은 살얼음 위를 걸어가는 듯 조심스럽다. 겁쟁이 엄마였다. 이렇게 반복되는 시간이 벌써 5년이 흘렀다. 완치 판정을 받고 오늘도 저녁 늦은 시간에 공항으로 가는 딸을 배웅하고 집으로 왔다. 딸이 가버린 집안은 찬바람이 밀물처럼 밀려들었다. 딸이 머물던 방으로 들어가서 그동안 딸이 베고 자던 베개에 얼굴을 묻고 딸이 남기고 떠난 아련한 체취를 맡아본다.
 15년 전 대학을 졸업하고 해운회사에 취직한 딸이 어느 날 머뭇거리면서 나에게 다가왔다.
 "엄마, 우리 회사에 똑똑한 남자가 있는데…."
 말끝을 흐리면서 나를 쳐다보는 표정이 진지했다.

"사귀자는데 사귀어 볼까? 엄마는 어떻게 생각해요?"
"똑똑한 사람이면 좋지."

아직 딸의 나이가 젊고 또 정식으로 맞선을 본 적도 없어 나는 여유를 부렸다. 그런데 그해 추석이 지나고 우리 집에 젊은 청년이 난 화분을 들고 찾아왔다. 첫 인상은 건강하게 보였다. 거실에서 할머니와 이야기도 자연스럽게 하는 것이 믿음직스럽기도 했다. S대 조선해양공학과를 졸업한 청년으로 학생회장 출신에 구치소에도 다녀온 이력이 있었다. 나는 당황하고 겁이 났다. 섣부른 기우일지 모르지만 학생회장 대부분은 정치를 할 것 같은 선입견 때문이었다.

그때부터 딸과 대화하기를 원했지만 이미 둘은 사랑에 빠졌는지 엄마의 말을 들으려고 하지 않고 오히려 서먹한 관계가 되었다. 평소에 엄마가 똑똑한 사람이면 된다고 하지 않았느냐는 것이었다. 그런데 너무 똑똑한 청년이어서 잠이 오지 않을 정도로 걱정이 되었다. 며칠 밤을 새우다시피 하면서 고민을 했다. 내가 살아온 세월을 되돌아보기도 하고 가까운 형제자매들도 생각해보았다. 이것이 인연이라면 허락을 해야겠다고 마음을 먹고 딸이 잠든 방으로 갔다. 새벽 두 시였다. 깊이 잠들어 있는 딸을 깨워 손을 잡았다.

"네가 사랑하는 사람과 평생을 같이 갈 수가 있고 어떠한 어려운 일이 있어도 헤쳐 나갈 수 있다면 결혼해라."

허락을 하고 나니 딸과의 사이가 좋아졌다. 딸과 청년은 두 가지 약속을 하였다고 했다. 정치는 절대로 하지 않을 것과 한국에서만 있지 않고 넓은 세계로 나가기로 했다는 것이다. 외국에 어학연수도 다녀온 적이 없는 청년은 사랑 때문에 용감하게 영국에 있는 해운회사로 옮기기로 했다. 새로운 세계에 도전장을 던진 것이었다. 대단한 용기요 큰 모험이었다. 결혼하고 잠깐 영국에서 근무하다가 두바이로 옮겨간 지 10년이란 세월이 흘렀다. 이제는 세계적인 해운회사에서 유럽 사람들과 경쟁하며 한국인의 저력을 발휘하여 2인자가 되었다. 빈손으로 시작하여 이젠 나름의 부와 명예를 얻기도 했다.

몇 년 동안 딸도 해운회사에 근무하면서 아이 갖는 것도 미루면서 재미있게 살았다. 모든 것이 안정되어 가자 뒤늦게 자식의 필요성을 느껴서 인연을 맺고 싶어 했다. 자식이란 언제라도 내가 원하면 생기는 것이라 착각한 모양이다. 항상 젊다고 생각한 것 같기도 하다. 그렇게 둘이서 젊음만 생각하고 세월의 흐름을 느끼지 못한 것 같았다.

틈틈이 한국으로 들어와서 전문 병원을 다니기 시작했다. 임신 전후로 호르몬 주사를 매일 똑같은 시간에 맞아야 했다. 힘든 시간이었고 긴장의 연속이었다. 하루하루가 살얼음 위를 조심스럽게 걸어가는 심정이었다. 노력한 결과 임신이 되었다. 임신 8주가 되었을 때 태아의 숨소리가 들리지 않았다. 수술실 앞에 앉은 나는 아무 것도 생각할 수 없는 바보가 되었다. 손가락 끝으로 혼이 빠져나가는 것 같았다.

회복 후 두바이로 돌아간 딸에게 전화가 왔다. 가슴에 작은 혹이 있다는 것이었다. 한국으로 돌아온 딸은 병원에서 검사를 받았다. 유방암 초기였다. 시험관 시술을 위하여 호르몬을 과다 투약해서 생긴 결과였다. 그때 딸의 나이가 서른여섯이었다. 아산병원에서 다섯 시간의 수술을 하고 6개월마다 정기 검진을 받으려고 5년 동안 한국으로 들어왔다. 그럴 때마다 어미인 나는 입술이 바싹바싹 타 들어가고 심장은 생살에 소금을 뿌린 것 같은 통증으로 숨이 멈출 것 같았다. 내가 딸 대신 내 가슴을 도려내고 싶었고 그 아픔을 대신해주고 싶었다. 하지만 내가 할 수 있는 것은 아무것도 없었다. 기껏 창백해진 손을 잡아주고 아무 말 없이 옆에서 바라보는 일밖에 없다는 것이 너무도 안타까웠다.

딸은 오월에 피는 우아하고 품위 있는 하얀 모란꽃 같았는데 젊은 나이에 감당하기 힘든 일을 치른 후부터 서리 맞은 꽃처럼 시들어갔다. 내색하지 않았지만 5년의 힘든 시간을 잘 견디어 내는 딸을 바라보는 어미의 마음은 항상 죄인이었다. 내가 잘못 살아온 것이 아닌가 하는 자책감에 시달렸고, 내 업보인 것 같아서 커다란 돌덩어리를 가슴에 올려놓은 듯 아팠다. 엄마 앞에서도 잘 견디어준 속 깊은 딸을 보고 있으면 짠한 마음에 가슴 속에서 뜨거운 눈물이 흘러내린다.

사람들은 잠깐 소풍 왔다가 가는 마음으로 즐겁게 살다가면 된다고 한다. 하지만 삶이란 굴곡진 날씨와 같아서, 가끔은 천둥과 비바람이 휘몰아쳐서, 나를 당황하게 하고 때론 슬프게도 하는가 보다.

그리고 신은 내 어깨에 짊어질 만큼의 고통을 주어서 마음속 부질없는 욕심을 비우는 연습을 친절하게 시키는가 보다. 항상 나는 나에게 최면을 걸어본다. 눈에 보이지도 않고 손에 잡히지도 않는 행복이란 동그란 원을 가슴 속에 차곡차곡 채우는 꿈을 꾼다.

미안함과 그리움

　나는 당신에게 미안함이 참으로 많은 사람입니다. 당신이 떠난 지 일 년이 지났어요. 아직도 테니스 가방을 어깨에 메고 웃으면서 걸어올 것만 같아 당신이 다니던 길을 바라봅니다. 참 많은 일이 있었어요. 46년을 살면서 부끄러워서 당신, 여보라고 불러 보지도 못했는데 당신이 가고 나서야 불러봅니다. 며칠 전 이사를 했어요. 당신이 쓰던 물건들을 버리지 못하고 또 가지고 왔어요. 물론 테니스 라켓과 가방도 그대로 챙겼답니다. 손주가 크면 연습시킨다고 모아 놓았던 볼은 모두 버렸습니다. 당신이 하늘나라에서 걱정할 것 같아 큰딸 옆으로 왔어요. 나는 당신을 볼 수 없지만, 당신은 나를 보고 있겠죠?
　작별 인사도 없이 가버린 당신에게 할 말이 너무도 많습니다. 당신 없는 일 년이 당신과 살았던 46년보다 더 긴 것 같았고 감당하기 참으로 힘겨웠습니다. 그동안 당신의 그늘에서 얼마나 편안하게 살아왔는지 매일매일 생각합니다. 70년을 같이 살았던 친정아버지, 어머니 생각이 납니다. 친정어머니를 보내고 어머니가 거처하던 방을 들여다보면서 아버지가 하신 말이 떠오릅니다.

"한쪽 팔이 떨어져 나간 것 같다."

자식들은 아버지의 허전한 마음과 팔이 떨어져 나간 것 같은 아픔을 이해하지 못했습니다.

"70년을 같이 사시고 아흔을 넘긴 나이에 몸도 불편했는데…."

자식들은 불효한 생각을 했습니다. 어떻게 부모님 마음을 이해할 수가 있겠습니까? 끝까지 이해할 수가 없을 것 같습니다. 나도 아버지 같은 입장이 되고 보니 그 말에 공감합니다. 당신이 얼마나 소중한 존재인지 알겠습니다. 자식들이 아무리 위로를 한다고 하지만 가슴에 부는 바람은 한겨울에 부는 칼바람 같습니다. 오랜 세월 같이 살면서 잡았던 손을 영원히 놓지 않을 것 같이 우리 둘이 한 것이 별로 없었습니다. 우린 왜 그렇게 살았을까요. 결혼해서 맏아들, 맏며느리 노릇하고, 시부모님 눈치 보느라고, 아이들이 생기자 아이들 뒷바라지하고, 아이들 결혼시키고, 몸이 불편한 어머니 모시느라고 정작 우린 시간이 없었던 것 같습니다.

그림자조차 남기지 않고 가버린 당신에게 미안한 것이 너무도 많답니다. 우린 서로 요구하는 것이 없었던 것 같아요. 욕심도 없었지만 서로에게 바라는 것이 없어서 싸우지도 않고 살아왔어요. 그런 모습을 주위에서는 금슬이 좋다고 말했지만, 사실은 당신이 나에게 요구하는 것이 없었고, 나도 당신이 편안한 사람이라 살아가기가 좋았던 겁니다.

　너무 편안하여 내가 노력하지 않은 것 같습니다. 애교가 많은 것도 아니고 재산을 많이 모아 놓은 것도 아닌 청렴한 공무원의 아내로 살아온 주변머리 없는 고지식한 성격 탓에 재미가 없었을 것 같습니다. 마주앉아 고스톱도 칠 줄 모르고 춤도, 그렇다고 노래도 좋아하지 않았던 제 성격 때문에 당신은 재미없게 살았을 것 같네요. 그렇게도 노래를 좋아하고 술도 좋아했는데 제가 맞추지 못해서 미안했습니다.

　이번 이사하면서 당신 칠순에 내가 쓴 편지를 당신이 수납장에 소중하게 간직한 걸 발견했습니다. 노란 봉투에 보라색 편지지에 쓴 편지가 들어있었습니다. 그날 당신 웃던 모습이 생각납니다.

　항상 제 곁에서 잔잔한 몸짓과 연한 미소를 지어 준 거목 같은 당신 고맙습니다.

　서로를 지탱해 주는 반쪽이 되어 열심히 살아온 날들이 벌써 40년이 되었네요. 우리 안국동에서 맞선으로 만나 3달 만에 결혼식을 올렸죠. 길이 아니면 가지 않겠다는 마음으로 열심히 살아온 세월이 눈 깜짝할 시간이란 말이 이제야 실감나네요.

　그동안 몸도 많이 아팠지만, 가장으로 맏아들로서 묵묵히 잘 견디고 이겨낸 당신에게 진심으로 큰 박수를 보냅니다. 우리 이 세상 끝나는 날까지 잡은 손 놓지 말고, 물처럼 공기처럼 편안하게 살아갑시다. 사랑해요 기석씨!

2017년 2월 5일

    내가 쓴 편지를 읽으면서도 당신이 보고 싶어 하염없이 눈물이 납니다. 당신 덕분에 편안하게 살아온 시간 모두 감사합니다. 연애기간도 없어서 제대로 된 편지를 주고받지도 못했고 덤덤하게 살아왔던 우리 부부는 재미없게 살아왔네요. 그래도 좋았습니다. 또 다른 어려움들이 많았지만 당신의 한결같은 마음 덕택에 저는 행복했습니다.

    누구에게도 편안했던 당신을 자식들도 많이 좋아했습니다. 그리움은 깊은 미안함으로 남아 있습니다. 혹시 당신은 목소리도 좋고 노래도 잘 불러 안개꽃 속에 묻혀 있는 것은 아닌지 궁금합니다. 잠시라도 내 꿈속에 한번 다녀가세요. 보고 싶습니다.

낙조를 가르며 날아가는 새

　낙엽 떨어진 거리를 걷고 있다. 예쁘게 물든 낙엽을 보면서도 내 곁을 떠난 남편을 생각했다. 낙엽은 책갈피에 간직하면서 보고 싶을 때 볼 수 있지만 봄날 같이 훌쩍 떠난 남편은 볼 수가 없다. 사라진 봄날 같은 현실이 실감나지 않는다. 가슴 시린 그리움 때문에 눈물이 고인다. 같이 있을 때는 몰랐는데 모든 날들이 화창한 봄날이었다. 씨도 뿌렸고 아름다운 꽃도 피웠다. 꽃밭에는 벌도 날아오고 나비도 날아왔었다.

　철부지 시절 만나서 부모가 되고 어른이 되어가면서 답이 없는 수많은 시행착오를 일으켰다. 철이 들었다고 생각하면서 살았는데 나이만 들었던 나에게 신은 또 다른 경고장을 날렸다. 여물지 않은 열매처럼 아직도 나에게 햇볕과 바람이 필요한가보다. 나를 좀더 단단하게 하려는 신의 배려인가. 더 많은 시간과 인내가 필요하다는 생각이 든다. 죽는 날까지 철이 들까 생각해보지만 자신이 없다. 나와 남편은 서로를 바라보면서 부족한 부분은 채워가려고 노력했었다. 한 치의 미련도 없이 뒤도 돌아보지 않고 가버린 이생의 내 짝은 다음 생을 준비하고 있을까.

남편은 누구에게나 강물처럼 살았으니 다음생도 좋은 곳에 태어날 것이다. 거친 비바람이 불어와도 잔잔한 물결만 일으켜서 주위에 있는 이들에게 평안함을 주던 사람. 내가 결혼하여 얼마되지 않았을 때 시아버님이 하신 말씀이 생각난다.

"너는 죽을 때까지 네 남편 속마음을 알지 못할 것이다."

그때는 무슨 뜻인지 몰랐는데 남편이 가고서야 시아버님의 말씀을 이해했다. 어떤 어려움에도 어떤 부닥침에도 마음에 동요가 일어나지 않는 사람이었다. 도(道)를 닦은 사람처럼 늘 행동했다.

며칠 전 시아버지의 기일이라 납골묘를 다녀왔다. 지금까지 집에서 제사를 모셨지만 남편이 간 지 얼마 안 되어 올해는 산소만 다녀오기로 하였다. 아들과 같이 찾은 납골묘에는 아홉 분이다. 증조부모부터 남편까지 4대가 모셔져 있다. 일찍 세상을 떠난 시동생 내외까지 있어서 갈 때마다 술을 아홉 잔 올려야 한다 처음 남편과 이곳을 선정한 것은 서울에서 가깝고 관리가 필요 없다는 이유였다. 고향에 있는 선산은 멀고, 결혼하지 않은 자식들이 혹 외국이라도 나갈 경우 조상님들의 산소 관리가 어려울 것 같았기 때문이다.

세월이 흐르면서 우리 사회는 많은 변화를 가져왔다. 그중에 특히 결혼문화와 장례문화의 변화는 가히 혁명적이다. 결혼도 필수조건이 아니고, 화장 문화가 자리잡으며 납골묘에 조상님들을 모시는 것이 보편화되었다.

불교문화에서는 처음부터 다비장이라는 장례문화가 있었다. 올 때 빈손으로 왔듯이 갈 때도 빈손으로 가는 것처럼 장작불 위에서 한 줌 재만 남기고 사라져가는 모습은 말로 표현할 수 없을 만치 성스럽게 느껴졌다. 스님들이나 보살들은 합장을 하고 서서 활활 타는 장작불 속의 시신을 미동도 없이 바라보았다. 각자 극락세계를 믿고 있는 것처럼 보였다. 며칠 전 TV에서 어느 이름 없는 노스님이 당신이 갈 때 쓰려고 쌓아놓은 장작더미 앞에 다비목이란 팻말을 붙여 놓은 것을 보았다. 그것도 산에서 죽은 나무만 가져다 쌓아놓는다고 했다. 이 스님야말로 참 스승이 아닌가, 감동적이었다.

나는 조상님들 납골묘 앞에서 말문이 막힌다. 남편을 이곳에 안치하고부터 머릿속이 텅 비어버렸다. 전에 느껴보지 않았던 감정이 안개 자욱한 준령처럼 물기를 잔뜩 머금고 일어선다. 화장장에서 한 줌의 뼛가루가 된 남편의 시신을 목격하고부터 살아가는 것이 수평선 너머 노을 같다. 남편이 있는 납골묘 앞에 서면 할 말이 태산같이 많은데 입술이 붙어서 말을 할 수가 없다. 무엇을 아니면 누구에게 말을 해야 할지 몰라 절만 하고 그 앞에서 서성거리고만 있다.

내 마음 속에 담겨 있는 것을 털어놓고 싶지만 납골묘 인에 얼굴도 본 적 없는 시증조부모와 시조부모가 계시고 나에게 시집살이를 원없이 시키던 시어머니도 계시지 않는가. 그분들이 다 듣고 계실 것 같아서 단 한마디도 할 수가 없다. 마음만 갈팡질팡 허공을 떠다닌다. 마음 놓고 울지도 못하고 되돌아 나온다. 남들은 냉정하다고 하지만 누가 내 마음을 알겠는가. 남편이 있는 이곳에 나도 언젠가는 와야 한다는 생각이 들면 아옹다옹하는 삶 모두가 일장춘몽이란 생각이 더 절절해진다.

낙조가 찬란하지만 곧 어둠이 덮힌다는 걸 모르지 않는다. 허망하고 속절없다. 그래도 지금 이 순간 하늘빛은 그대로 황홀이다. 저기, 새 한 마리가 낙조를 가르며 훠이훠이 날아간다.

침묵 (106x40cm) silk에 염색 작가 최윤실

3부 증편 솥에 김이 오르면

증편 솥에 김이 오르면

남편의 고희가 다가왔다. 남편은 무슨 잔치냐고 하면서 극구 사양했지만 43년을 같이 살아온 나는 남편의 속마음을 모른 척했다. 남편은 암이 발견되었을 때도 흔들림 없이 잘 이겨냈다. 아들과 딸들도 모두 결혼을 하였고, 자주 만나지 못한 친지와 형제들에게 식사라도 대접하고 싶었다. 한편으론 초대하는 분들에게 부담을 주지 않을까 하는 걱정도 앞섰지만, 자식들이 강력하게 권하니 못 이기는 척하면서 자식들 의견에 따르기로 작정하고 남편과 나는 못 들은 척 못 본 척했다. 호텔을 예약하고 초대하는 인원을 확인하기 시작했다. 다만 우리 부부는 초대하는 인원을 단출하게 하자는 뜻만 전했다. 우리와 깊은 인연들이 있는 영세, 조카, 사돈만 초대하기로 했다.

둘째딸 가족과 아들 가족들이 두바이에 나가 있는 상황이라 저희들끼리 연락을 하는 것 같았다. 호텔을 예약하고 진행 과정을 서로 조율하면서 비행기 표를 예약하고 한국으로 들어오는 날짜까지 잡은 눈치였다. 직장 생활을 외국에서 하는 자식들 생각을 하면 솔직하게 우리 부부의 속마음은 복잡하기도 하고, 요즘 시대에 맞지도 않는 것 같아 많이 망설였다. 그렇지만 나는 먼 훗날을 위해 후손들에게 가르침을 주어야겠다는 생각은 가지고 있었다. 이런 모습들은 훗날 자손들이 부모에게 해야 할 것은 꼭 하도록 규준이 되어 줄 것 같기도 했다. 이 행사를 꼭 해야 할 이유가 나한테는 또 하나 있었다. 두고두고 후회하는 일이 있기 때문이다. 시아버님의 회갑에 당신의 반대로 회갑연을 해드리지 못했는데 2년 후 돌아가시자 자식들은 정말 후회 막급이었다. 부모님은 자식 옆에 오래 계시지 않으므로 부모님의 중요한 기념일만은 정성을 다해야 된다는 것을 가르쳐주고 싶었다.

바쁜 세상이다. 무엇이든지 간소하게 하는 시대다. 모든 것을 생략하다 보면 결국은 편한 것만 찾게 되어서 중요한 것을 놓치고 살게 마련이다. 세월이 흘러 후대의 자손들에게 올바른 예의범절이나 지켜져야 할 풍습들이 다 없어진다면 예부터 전해오는 좋은 풍습은 자취를 감추고 말 것이다. 남편의 고희가 다가오자 65여 년 전 할아버지의 회갑연을 위하여 가족들이 펼친 모습들이 내 기억 속에서 살아나기 시작했다.

65년 전 봄날 할아버지 회갑연은 온 동네가 떠들썩하게 치러졌다. 그때 나는 열 살이었다. 할아버지의 생신은 음력 2월 말일이기 때문에 봄볕이 따뜻했다. 한 달 전부터 변하지 않는 약과, 괴질, 술 같은 음식 장만이 시작되었다. 할머니와 어머니를 중심으로 이웃에 사는 친척들이 매일 우리 집으로 모여 들었다.

뒷방 아랫목에는 커다란 독이 들어서고 술밥을 쪄서 누룩과 솔잎을 섞어 술을 담갔다. 커다란 독에서 술이 익어가는 시큼한 냄새가 나고, 며칠을 조청과 엿을 졸이는 작업으로 안방 아랫목은 장판이 갈색으로 변하고 발도 디딜 수 없이 뜨거웠다. 잔치 날이 다가오자 아버지, 어머니는 매일 읍내로 나가 생선이며 알록달록한 과자며 그릇들을 사 왔다. 그것은 일꾼 아저씨들이 소달구지에 실어 날랐다. 두부를 만들고 감주와 수정과를 만드느라 모두가 분주했다. 남자들은 소와 돼지를 잡았다.

부엌 옆 곳간에는 노란색 분홍색 하양색 과질과 강정을 만들어서 소쿠리마다 그득그득했다. 할머니는 방에서 꿀로 반죽한 약과를 기름에 튀기고 여러 가지 꽃 모양의 송화다식을 다식판에 찍어내셨다.

한쪽에서는 증편을 빚어 솥에 안치고 있었다. 막걸리로 부풀린 하얀 쌀가루 반죽 위에 진홍색 맨드라미 꽃잎과 까만 석이버섯을 채썰어 꽃모양으로 올리고 미나리 잎을 따다 줄기와 잎을 만들면 금방 나비가 날아들 것만 같았다. 증편 솥에 김이 오르면 멀리 있는 친척들이 오기 시작했다. 솜씨 좋은 마을 아낙들이 몰려와 음식을 만드느라 우리 집은 북적댔다.

회갑연 전날부터 이웃이나 친척들이 만든 떡을 담은 함지가 들어오기 시작했다. 바쁜 일손을 덜기 위하여 이웃간에 손이 많이 가는 떡으로 서로 부조를 했다. 이십여 함지박이 들어왔다고 했다. 함지 하나에 쌀 한 말 정도의 떡을 만들어서 담았다니까 그 양이 얼마인가. 아버지는 읍내 중국집에서 요리사를 초청하여 그 많은 소고기와 돼지고기를 튀기고 볶고 하면서 그 당시엔 먹어 보지도 못한 중국 요리들을 내놓았다.

앞마당과 사랑채 마당, 텃밭에도 멍석이 깔리고 차일이 쳐졌다. 부족한 교자상 대신 사과 상자를 네 개씩 묶어서 일렬로 놓고 그 위에 하얀 종이를 씌웠다. 임시로 만들어진 상 위에 놓아야 할 음식들 이름들을 인쇄하여 붙여 놓았다. 떡을 놓아야 할 자리에는 떡이란 글자가 붙어 있었다. 백여 명이 한꺼번에 음식을 먹을 수 있게 하였고, 일하는 사람도 일사분란하게 일을 할 수 있게 한 아버지의 지혜가 돋보인 장면이었다. 후일 많은 사람들이 일을 진행하는 아버지의 능력을 이야기했다.

할아버지, 할머니께 가족 모두가 존경심을 갖고 과일과 음식들을 높게 쌓아놓은 교자상 앞에서 술잔을 올리고 절을 하며 만수무강을 기원하였다. 할아버지의 회갑연은 온 동네잔치가 되어서 일주일 동안 치러졌다. 친정아버지, 친정어머니의 지극한 효심이 없었다면 일어날 수 없는 일이었다. 마음도 깊고 지혜도 넘치는 하늘이 내리신 통 큰 11대 종손과 종부였다. 시골 마을 종갓집에서 일어난 친정 부모님이 할아버지, 할머니를 위하여 회갑잔치를 치르신 풍경은 요즘 시대에는 상상도 할 수 없는 일이다. 친정부모님은 효성이 지극하였다. 자손들에게도 항상 최선을 다하라는 가르침을 주셨다. 나에게 모범적인 행동으로 가르침을 주신 것에 감사한다. 100세를 다섯 달 남기고 떠나신 아버지의 음성이 들리는 것 같다.

"언제나 최선을 다해라."

과수원집 사람들

우리 집은 방학이면 새벽부터 바빴다. 할아버지를 중심으로 아이들까지 먼동이 트기 전에 일어났다. 나보다 두 살 밑 남동생과 어린 여동생 둘은 예외였다. 남동생은 6.25 때 두 명의 아들을 홍역으로 잃고 귀하게 얻은 아들이라 증조할머니의 각별한 보살핌 속에서 왕자님처럼 지냈다. 여동생 둘은 아직 노동을 할 나이가 아니었다. 남동생보다 두 살 많은 나부터 과수원에서 일을 했다. 그렇다고 많은 일을 시킨 것은 아니다. 과수원이란 어린아이부터 어른까지 할 일이 있었다. 새벽부터 아버지는 방문을 열면서 크게 소리쳤다.

"해가 중천에 떴다. 빨리 과수원으로 가야지. 일어나라."

내가 떠지지 않은 눈을 비비면서 밍기적거리고 있으면 아버지는 방으로 들어와 이불을 젖혔다. 새벽 공기가 방안 가득 들어오면서 더 이상 누워 있을 수가 없었다. 대문 앞에 도착하면 오빠와 언니는 나를 기다리고 있다. 오빠는 아무 말도 없이 앞에서 성큼성큼 걸어가고 언니는 내 손을 잡고 아버지 뒤를 따라간다. 아버지는 과수원으로 갈 때 시냇물에 세수를 하게 한다. 시원한 냇물로 세수를 하면 정신이 번쩍 든다. 아버지는 내가 세수하기를 기다렸다가 전날 밤 언니가 공부한 영어 단어를 묻고 언니는 답을 하면서 나란히 신작로 길을 걸어서 산모퉁이를 돈다. 언덕 위에 있는 과수원을 향하여 언덕을 오르면 솔밭에서 시원한 소나무 향기가 난다.

과수원 마당에는 할아버지가 과일을 담을 수 있게 자리를 깔아 놓았다. 할아버지는 과일이 나기 시작하면 과수원집에서 주무신다. 언니와 나는 너무 익어서 갈라진 사과를 먼저 먹기 시작한다. 그 맛은 분가루처럼 부드럽고 자극적이지 않다. 우리들은 신맛이 나는 사과보다 너무 익어서 단맛이 나는 사과를 좋아했다. 사과는 요즘 널리 퍼지고 있는 건강식 중 하나로 매일 아침 먹으면 보약이라고 한다. 우리 형제들이 지금까지 건강한 것은 어린 시절부터 새벽에 먹은 사과 덕분인 것 같다.

언니와 나는 한창 자랄 나이에 나무 밑에 떨어진 사과나 배를 주웠다. 나는 어릴 때부터 과일을 줍기 위하여 나무 밑을 앉은뱅이걸음으로 기어다녀서 다리와 허벅지가 굵다. 자연스럽게 우리 둘은 일부러 운동하지 않아도 아침 운동을 한 셈이 되었다. 가끔 종이 봉지 속에 뱀이 있어서 놀란 적도 많다.

할아버지는 아버지와 오빠가 따 온 과일을 크기대로 골라서 놓았다가 과일을 시장에 내다 파는 아주머니들이 아침이면 사과를 사기 위하여 온다. 그날 나무에서 딴 과일을 아주머니들에게 넘기면 집으로 와서 아침밥을 먹었다. 우리들이 주워 온 과일은 대부분 아주머니들에게 덤으로 주었다. 이것이 우리 집 방학동안 아침마다 반복되는 일이었다.

읍내에 아버지가 극장을 짓자 과수원은 다른 사람에게 맡겨 관리를 하였다. 그때부터 우리 식구들은 과수원 일을 하지 않아도 되었다.

과일은 저절로 열려 그냥 따먹는 것이 아니다. 그리고 과수원은 아카시아 피는 낭만적인 장소도 아니다. 일 년 열두 달 끊임없이 온 가족이 일을 해야 한다. 정월부터 일은 시작된다. 정월이 되면 과수원에 눈이 남아 있을 때부터 전지하는 아저씨가 집으로 와서 한 달 동안 일을 한다. 새로 나온 가지에서 달리는 과일이 굵고 맛이 있기 때문에 묵은 가지는 잘라버려야 한다.

겨울동안 과일을 싸는 봉지를 만들기 위해 헌 신문지를 읍내에서 사온다. 신문지는 사랑방에서 할아버지가 봉지를 만들기 좋게 자르고, 안방에선 두 방 가득 동네여자들이 봉지를 붙였다. 봉지가 잘 건조되면 봉지 주둥이 모서리를 가는 철사에 풀을 묻혀 고정시킨다. 과일에 봉지를 씌울 때 입구를 오므릴 수 있게 한 것이다.

춘삼월이 꽃이 피면 병충해 때문에 농약을 치고 나무 밑에 거름을 준다. 꽃이 지고 열매가 맺히면 다닥다닥 붙어있는 열매를 솎아내야 한다. 간격이 두여야 풋과일이 잘 자란다. 어느 정도 크면 봉지를 씌워 해풍을 막아주어야 하고, 벌레가 생기지 않도록 약은 제때제때 여러 번 쳐야 한다. 다 자라면 봉지를 벗겨 적당한 햇볕을 쪼여야 단맛이 나고 색깔도 곱다.

아버지는 실험 정신이 강하여 꽁치를 한 트럭을 사다가 끓여서 말린 다음 과수원과 논에다 거름으로 냈는데, 과일 나무는 기름진 거름으로 단맛이 났지만, 벼농사는 거름이 과하여서 다 죽었다고 한다. 그 많은 논의 벼가 다 죽어서 그해는 쌀을 사 먹었다고 한다. 그 후에도 아버지의 실험 정신은 끊임없이 이어졌다. 체리나무도 심고 포도도 심었다. 그때는 체리를 일본 앵두라고 했다. 과일도 다양하게 심었다. 노란 인도 사과도 있었고 파란 청배도 있었다. 과일도 계절에 맞게 열려 일 년 동안 과일을 먹을 수 있었다. 아버지는 집 옆에 커다랗게 지하실을 파서 저장고를 만들어 이듬해 춘 삼월까지 과일을 저장했다.

과일 하나를 먹기 위하여 열 번 이상의 손이 가야 했다. 온가족이 때맞추어 합심하여 일을 해야 하는 것이 과수농사다.

아버지의 실험 정신과 부지런한 성격 덕분에 어머니의 고생이 많았다. 종부로서의 일도 많았지만 과수원을 하면서 일 년 동안 쉴 틈이 없었다. 서로 협동해야 하기 때문에 아이들도 일을 도왔고 드나드는 사람들이 많으니 늘 잔칫집 같았다. 4대가 한집에서 사는 대가족이어서 위계질서가 엄격했다. 우리는 저절로 예의범절을 익혔고 항상 어른이 계시니 찾아오는 손님도 많아 손님 접대도 자연스러웠다. 그 덕분에 우리는 살아가는 데 별 어려움이 없었다.

할아버지, 할머니한테서 사랑을 배웠고 아버지, 어머니한테서 어른

공경하는 법을 배웠다. 장남인 종손이 어떻게 행동해야 하는지도 자연스럽게 알게 되었다. 오빠 언니한테서 아랫사람에게 베푸는 것도 배우고, 고모 삼촌한테서 우애를 배웠다.

  나의 어린 시절은 너무 행복한 시간이었다.

고향은 희미한 옛 사랑

　친정어머니 생신을 맞아 부모님 산소에 가기 위해 선산 입구 밤나무 아래 차를 세웠다. 나는 고목이 되어버린 밤나무를 보자 세월이 흘렀는데도 단편 영화의 한 장면처럼 밤나무 아래서 할머니와 알밤을 줍던 일이 떠올랐다. 나무 밑에는 떨어진 밤송이들이 어지럽게 흩어져 있다. 고목이 되어 밤이 달리는지 의문이 들었는데 역시 알밤은 찾아볼 수가 없다. 예전에는 주인이 있었던 밤나무지만 이젠 주인도 찾지 않은 밤나무다. 선산 소나무 숲에서 불어오는 바람소리가 다정스럽다. 나무들은 고목으로 변한 모습으로 묵묵히 가는 세월을 세고 있고, 고향은 할머니의 품속 같이 나를 반갑게 맞아준다.
　할머니를 생각하면서 가만히 밤나무를 손으로 쓰다듬어 보았다. 고목이 된 나무의 수피는 거북이 등짝 같다. 할머니와 밤을 줍던 때는 나무가 젊어서 밤송이도 크고 알밤도 굵었다. 고목이 된 나무 밑에 뒹굴고 있는 빈 밤송이들은 흘러간 세월만큼 볼품이 없다. 70년이란 시간이 흘러 나는 그때 할머니보다 나이가 많아졌다.

고향은 코발트색 하늘과 맑고 깨끗한 공기는 옛날이나 지금이나 변함이 없지만, 자연재해로 많은 것이 변했다. 멀리 삼형제봉은 그때나 지금이나 검푸르다. 2002년 8월 말 태풍 루사(897.5mm)로 평화스러운 마을이 하루 만에 폐허가 되었다. 태풍 루사는 평화스럽게 흐르던 물줄기를 바꾸어 놓았다. 집 앞에 납작 엎드려 있던 하얀 신작로 길도 없어지고 미루나무도 없어졌다. 시냇물 옆 넓은 모래밭도 없어지고 시냇물 옆에서 무성했던 버드나무도 사라졌다. 봄이면 제일 먼저 봄을 전하려고 얼음 바람을 뚫고 피어나던 버들강아지도 보이지 않는다. 자연스런 시냇물 대신 삭막한 콘크리트 벽으로 쌓은 볼품없는 하천이 되었다. 사람들의 발길이 닿지 않는 하천에는 억새풀만 무성하다. 콘크리트 보를 만들어 은어가 돌아올 수 없는 죽은 하천이 되었다.

마을보다 도로가 높아지면서 몇 백 년을 간직하였던 평화로운 마을도 없어졌다. 사람들은 신성한 대관령에 고속도로를 만들어서 대관령 산신이 노해서 일어난 대참사라고 말들을 하고 있다. 그 당시 태풍 루사로 강릉에서 46명의 사망자가 발생했다. 아직도 내 기억 속에는 어린 시절 내가 걸었던 신작로며 미루나무, 길옆에 피어있던 아카시아가 생생하지만 꿈속에서나 만나볼 수 있을는지 기약이 없다.

마을을 지키던 어른들은 모두 돌아가시고, 은행나무 밑에서 놀던 아이들은 대부분 도시로 나갔다. 고향에는 낯선 이방인들이 다시 고향을 만들기 위해 터전을 마련해 집을 짓고 있다. 어린 날 살았던 고향집과 헤엄치던 개울과 물고기를 잡았던 담장 옆 작은 도량은 전설이 되어 사라졌다. 나는 이루지 못한 첫사랑을 그리워하듯이 옛날의 고향을 그리워하고 있다.

동생이 다리가 아픈 누나를 위하여 부모님 산소 앞까지 자동차로 올라갈 수 있게 도로를 포장하였다. 덕분에 쉽게 부모님 산소까지 갈 수 있었다. 조상님들을 모신 선산이라 친정아버님이 평생 정성을 기울이신 흔적이 곳곳에 역력하다. 적송들이 산 전체에 울창하게 자라고 있다.

선산에는 조상님 산소가 많아서 종손은 애로점이 많다. 친정아버님은 조상님 잘 모시는 것이 효라고 생각하여 종교처럼 지극하게 정성을 기울였다. 당신 몸이 불편하여 움직이지 못하자 흩어져 있는 조상님의 산소를 한곳으로 모으지 못한 것을 후회했다. 12대 종손인 오빠가 먼저 세상을 뜨자 아버지는 맏아들을 먼저 보낸 죄인 같은 심정으로 나날을 보냈다. 그 무거운 짐을 당신은 이십 때부터 짊어지고 왔지만, 손주에게 무거운 짐을 맡기는 괴로운 심정을 토로했다. 당신이 너무 무겁게 짊어지고 와서 그런지 몹시 안타까워했다.

고향 생각만 해도 그리움에 가슴이 먹먹해진다. 고향이라고 해도 이젠 부모님도 계시지 않고 산도 물도 변했지만, 고향 공기는 달고 하늘은 맑다. 새소리도 더 정감이 넘친다.

  아직 나는 고향을 찾아갈 때마다 마음이 설렌다. 달라진 곳이 많지만 어느 집 흙담장이나 쓰러져 가는 고옥의 처마 밑에서 어린 시절 보았던 흔적이 조금이라도 남아있는 것을 발견하면 첫사랑을 만난 것처럼 심장이 두근거린다. 나를 감동시키는 것은 주로 나무들이다. 알밤을 줍던 밤나무, 하얀 감꽃이 떨어지던 감나무. 감꽃을 주워 목걸이를 만들었었다. 800년이 된 은행나무는 더욱 더 고목이 되었지만 나는 첫사랑을 만난 것처럼 가슴이 벅차오른다. 고목나무 밑에서 나는 어린 시절로 돌아간다. 멀어지고 나서도 잊히지 않던 옛사랑을 만난 듯 그리움의 이야기보따리를 풀어 헤친다. 어제 일처럼 생생한 고향의 추억으로 나는 행복해진다. 고향은 희미한 옛사랑이다. 아련하고 아스라하고 가물가물하다가도 문득 생생하게 되살아난다. 이런 고향이 있어서 나는 행복하다. 그곳에는 나의 뿌리가 있고 추억할 일들이 많이 있으니까.

소돌 해변에서

　소돌 바다는 강원도 주문진에 있는 해수욕장이다. 소돌 해변은 넓고 수심이 얕고 물이 깨끗하기로 소문난 곳이다. 쪽빛 바다는 눈이 부시고 향호호수가 인접하여 경치가 특별히 아름답다. 해변에는 해송이 많아서 여름이면 피서객이 많이 몰려오는 곳이기도 하다.
　나는 여름 방학 때마다 할머니와 같이 모래찜질을 하려고 소돌 바다를 찾곤 했었다. 보드라운 모래밭에는 연분홍 메꽃이 지천으로 피었고 모래밭은 장작불을 지핀 것처럼 따뜻했다. 할머니는 모래를 깊게 파고 그곳에 몸을 눕혀 모래찜질을 했다. 그것이 얼마만큼 효과가 있는지 모르지만 할머니는 해마다 여름만 되면 바닷가에서 똑같은 모래찜질을 하곤 했다. 가끔은 할머니가 아는 지인의 집에서 며칠을 묵기도 했다.
　지금 생각해보니 할머니는 스트레스를 많이 받고 살아오신 것 같다. 위로 시어머니와 아래로 며느리가 한 집안에 살았으니 많이 힘드셨을 것이다. 몸이 허약했던 할머니는 머리에 바람이 든다면서 항상 머리에 수건을 두르고 있었다. 주무실 때도 머리맡에는 바람막이를 준비하였다. 그런 할머니를 따라나선 나는 해수욕장에서 모래장난도 하고 조개도 잡았다.

내가 살던 곳은 소돌 바다에서 십리를 농촌마을로 들어가야 한다. 어머니와 같이 바다에 간 것보다 아픈 할머니와 같이 간 적이 많았다. 할머니는 진사집 맏딸로 어릴 때부터 몸이 허약했는지 시집 올 때 계집종을 데리고 왔다고 한다. 전쟁 통에 내 위로 두 명의 오빠가 죽어 나는 언니와 터울이 컸다. 놀아주는 친구가 없는 나는 할머니의 껌딱지가 되었다.

할머니는 온화한 성품에 손자 손녀를 차별하지 않고 귀여워했다. 남동생은 귀한 아들이라고 증조할머님이 독차지하고 나는 자연스럽게 할머니 차지였다. 할머니가 밤밭으로 가면 밤밭으로 따라가고 고추밭으로 가면 고추밭으로 따라다녔다. 할머니의 치맛자락을 잡고 할머니가 가는 곳이면 어디든지 갔다.

정월보름이 지나면 가족들의 신수를 본다고 점집을 찾는 것도 할머니 몫이었다. 점집은 산길로 고개를 세 개나 넘어야 했다. 울창한 소나무 그늘이 짙어 갈 때마다 무섭다는 생각을 했다. 가는 길에 상여를 보관하는 곳집이 있어서 그곳을 지날 때는 걸음이 빨라졌고 머리끝이 쭈뼛 섰다. 점보는 할머니는 어린 내가 가면 하얀 백설기를 화롯불에 구워 주었다.

할머니는 솜씨가 좋아서 섣달 그믐이면 엿을 고아 정초에 세배 손님 맞을 준비를 하였다. 건넌방 아랫목에는 커다란 항아리를 들여 놓고 찹쌀로 된밥을 지어 솔잎과 누룩을 버무려서 항아리 속에 넣고 술이 익기를 기다리면서 명절 음식을 장만하셨다. 음식 만드는 것은 모두 할머니의 몫이었다. 밀가루 반죽을 밀어서 국수를 만들 때는 끝부분은 큼직하게 뚝 잘라 불에 구워 공갈빵을 만들어 손자 손녀들 손에 쥐여주기도 하는 요술쟁이 할머니였다. 그리고 배가 아프다고 하면 48

먹은 음식들을 주발 뚜껑에 담아서 배 위에 올려놓고 배를 살살 문지르면서 자장가를 불러주었다. 그러면 아프던 배가 서서히 가라앉으며 잠이 들곤 했다. 할머니의 비방을 핑계 삼은 사랑의 표현이었다.

헤아릴 수도 없는 세월이 흐른 지금, 나는 소돌 해수욕장에 서서 할머니를 그리워한다. 어린 시절 추억을 소환해보지만 이곳은 아직도 64-5년 전 초등학교 때 나로 돌아가고 싶은 마음과 그때를 그리워하고 있다는 것을 일깨워줄 뿐이다. 할머니는 평생 몸이 허약했지만 팔순을 넘겼다.

바닷가에는 메꽃 대신 숙박업소가 들어서고 음식점들이 들어서서 관광객들을 모으고 있다. B.T.S가 2017년 발표한 〈You never walk alone〉 앨범 재킷을 찍은 정류장이 있는 곳이어서 전 세계 청소년들이 가장 가고 싶은 바다라고 한다. 시월인데도 바닷물이 차지 않아서 손주와 외손녀는 바닷물에 들어가 조개를 잡았다. 그동안 사람들이 잡지 않아서 모래 속에 조개가 지천이었다. 캐온 조개를 구워 친정집 정원에서 오래간만에 식구들과 밤이 늦도록 소주를 마시면서 장작불을 피워 놓고 많은 이야기를 하였다.

  찰싹대는 파도 소리를 들으면서 바다에서 조개를 잡고, 햇살이 따뜻한 밭가에서 감을 따고 대추를 딴 손주들도 나처럼 또 수채화 한 폭을 그리듯이 추억을 만들었으면 좋겠다. 손주들도 내 나이가 되었을 때 할머니의 어린 시절을 보냈던 쪽빛 소돌 바다와 할머니가 자랐던 은행나무가 있는 고향마을을 생각해주었으면 좋겠다.

운명

1951년 온 나라가 전쟁에 휩싸였을 때 우리 집은 폭격을 맞아 소실되고 나는 작은할아버지 집 건넌방에서 태어났다. 태어나자마자 나는 죽을 고비를 맞았다.

어머니는 전쟁 중 약이 없어 아들 둘을 홍역으로 잃었다. 그리고 내가 태어난 것이다. 50여 가구가 옹기종기 조가비처럼 모여 있는 마을에 십리 밖 동해에서 쏘아대는 폭격 소리에 동네사람들은 혼비백산했다. 긴박한 상항에 가족들은 소나무가 무성한 뒷동산 토굴 속으로 피신하였다. 해산한 지 며칠 되지 않은 어머니도 허겁지겁 갓난아기를 포대기에 싸안고 토굴로 정신없이 뛰어갔다. 하지만 토굴 속에 도착한 어머니 품에는 아기는 없고 빈 포대기뿐이었다. 사색이 된 어머니가 폭격 속으로 나가려고 하자 토굴 속에 있던 집안 어른들이 어머니를 붙잡았다.

"핏덩어리 구하려다 어미 죽는다. 나머지 식구들을 생각해야지."

그 말이 귀에 들어올 리가 없는 서른 살의 젊은 새댁은 혼이 나간 채 뛰어가서 차디찬 아기를 안고 돌아왔다. 핏덩어리는 포대기 밑으로 빠져서 차가운 부엌바닥에 사색이 되어 있었다.

두 번째 목숨을 잃을 뻔했던 것은 1.4후퇴 때였다. 괴뢰군이 다시 남하하자 할머니 할아버지는 고향에 남고 젊은이들은 피난길에 올랐다. 남쪽으로 가기 위해 기차를 탔다. 기차가 터널 속에 멈추었다. 연기를 마신 애기 얼굴은 잿빛이 되었다. 주위 사람들은 애기가 죽었다고 단정하고 애기를 버리고 가자고 하였지만 어머니는 고향에 가서 묻어야 한다고 고집을 부렸다. 중공군의 개입으로 전쟁이 극한 상항이 되자 우리가족은 주문진항에서 배를 타고 부산으로 피난을 갔다. 부산에서의 피난생활은 모든 사람들에게 힘들었다. 나는 기억이 없지만 나를 기억하는 어른들은 나를 보면 늘 한마디씩 했다.

"그때 그 애기 아닌가? 아이고 잘 자라고 있네."

이렇게 나는 전쟁 중에 두 번이나 목숨을 잃을 뻔했다. 당신의 죽음도 불사했던 모정이 나를 두 번이나 살렸다. 찰나에 운명이 바뀌는 것을 팔자라고 한다. 누구나 깜깜한 밤길을 걷는 것처럼 앞으로 일어나는 운명을 모른다. 어머니의 희생과 모정이 없었다면 나는 이 세상에 존재하지 못했음이 분명하다.

11대 종부인 어머니는 한밤에 피어있는 박꽃 같은 분이었다. 천석꾼의 맏딸이었던 어머니는 똑똑하다는 신랑 하나만 보고 시집을 왔다. 친구인 양가 할아버지들이 혼인 약속을 했다. 이곳에서 400여 년을 살았다는 시댁은 가난한 양반집이었다. 어머니는 '쌀독에서 인심난다' 고 늘 말씀하셨다. 후덕한 분이었다. 어머니의 복인지 아버지의 부지런함과 똑똑함 덕분인지 재산은 날로 늘어 많은 재산이 모아졌다. 자신을 내세우는 법도 없었고 자식들에겐 늘 온화했던 순한 양 같은 분이었다. 공부 때문에 일찍부터 도시로 자식들을 보낸 어머니는 자식보다 어른들 공경과 종부로서의 본분에 충실했다. 시할머니와 시부모님 모시고 주위에 살고 있는 집성촌으로 이루어진 친척들까지 챙기느라 고단했다. 사대봉사와 대소사가 많아서 젊은 시절 자식들은 어머니의 손이 미치지 못했다. 자식들은 대가족 속에서 세월이 키워주었다.

어머니 가신 지 15년이 되었지만 생각해보면 생전에 어머니께 해드린 것이 별로 없다. 자식 입장에서만 있었던 나는 철부지였다. 마지막 어머니 임종도 지켜드리지 못했다. 아버지의 그림자로 자식의 바람막이로 살아오신 어머니는 듬직한 산 같은 분이었다. 종부로 너무 많은 일을 하여 투박해진 손마디와 고관절이 닳아 걷지 못했던 다리기 어머니가 살아온 삶의 훈장이었다.

고관절로 고생하다가 치매가 왔다. 우리 어머니를 서울의 요양병원에 입원시켰다. 매일매일 집으로 가길 원해서 바라보는 자식들은 애달프기 그지없었다. 가슴이 미어졌다. 젊은 시절로 돌아간 것처럼 행동할 때가 많아졌다. 날이 어두워지면 간병인들에게 빨리 나가서 저녁 준비하라고 호령을 하고, 멀쩡하실 때처럼 손짓을 하며 소리치셨다.

"고기는 석쇠에 굽고 국을 끓이고, ㅇㅇ네 집에 음식을 나누어 줘라."

당신의 머릿속에 각인된 삶의 잔영이었을까.

그래도 그 순간만은 옛날로 돌아가 부잣집 마나님이 되어 있었다. '당신을 집으로 보내주면 사과와 배도 주겠다'고 지나가는 사람들 손을 잡고 애원했다. 당신이 할 수 있는 것은 평생 베푸는 것이었는데, 어느 날은 생뚱맞게 당신의 어린 시절로 돌아가 있었다. 매화주를 좋아했던 친정 할아버지가 맏손녀인 어머니를 유난히 예뻐해주었다고 비밀을 털어 놓듯이 말하고선 아이처럼 천진하게 웃기도 했다. 우린 어머니의 얘기를 들으면서 일부러 더 큰 소리로 맞장구까지 쳤다. 당신이 살아온 세월보다 6개월 요양병원에서 일어났던 일들이 자식들 마음에 씻지 못할 불효를 안겨 주었고, 영원히 잊지 못할 어머니의 마지막 모습으로 남겨졌다.

어머니의 순간의 기지로 나는 두 번씩이나 목숨을 건졌지만, 자식인 나는 찰나가 아니라 꽤 오래 고민하고 계산하였고 결국 어머니를 내 집으로 모시지 못했다. 한 부모가 열 자식 거느리지만 열 자식이 한 부모 못 모신다는 옛말이 송곳이 되어 내 심장을 찔렀다. 어찌 자식이 부모 마음을 알겠는가 자식들은 열 번 죽었다 다시 태어난다고 해도 부모 마음은 알 수가 없다. 자식은 부모에게 빚진 것을 받으러 온다고 하니, 어머니가 내 딸로 태어난다면 내가 빚진 것을 갚을 수 있을 것 같다는 생각을 해본다.

양은냄비에서 녹아버린 아이스께끼

아침 방송에서 꼰대들의 간식거리를 주제로 아나운서와 패널들이 이야기하고 있다. 패널 한 명이 길거리 냉차와 아이스께끼를 말하니까 모두 향수에 젖은 듯 즐거운 표정으로 각자 에피소드를 쏟아내고 있다. 내게도 그런 추억이 있다.

60년이 지났으니 잊어버릴 만도 한데 지금도 생생하게 기억이 나는 건 어쩐 일인지 모르겠다. 삼복더위가 기승을 부리고 신작로 미루나무에서 매미 소리가 요란했다. 할머니는 한 남자가 오래간만에 어깨에 빙과통을 메고 나타나 아이스~께끼라고 외치는 소리를 들었다. 학교에 간 손자 손녀들 생각에 방으로 들어가 벽장 깊숙이 넣어두었던 돈을 챙겼다. 아이스께끼 장사가 그냥 지나칠 것 같아 급했다. 읍내에서 십리나 떨어진 마을이어서 아이스께끼 장사는 자주 오지 않았다.

아이스께끼를 산 할머니는 양은냄비 속에 넣어서 손이 닿지 않은 부엌선반 위에 올려놓았다. 그리고 학교에 간 손주들이 오기만을 기다렸다. 마당에 들어서는 손녀딸을 반갑게 맞고는 부엌으로 달려간 할머니는 양은냄비 뚜껑을 열었다. 냄비 속에 아이스께끼는 없고 쌀뜨물 같은 뿌연 액체와 나무막대만 있었다. 당황하여서 소리쳤다.

"아니 누가 아이스께끼를 다 먹어버렸어?"

냄비 속에 들어있어야 할 아이스께끼는 없고 물과 나무막대만 들어있는 것을 본 할머니는 당황하였다. 손주들 줄 것을 어른들이 몰래 먹었다고 생각했다. 더운 날씨 때문에 녹는다는 것은 생각하지 못했다. 학교에서 돌아오는 손주들에게 사탕처럼 먹일 생각만 했다. 냉장고가 없던 시절이었다.

이 에피소드는 우리 형제들에게 두고두고 회자되었고 그럴 때마다 가슴이 따뜻해지곤 했다. 손주들을 향한 사랑이 지극했던 할머니는 내가 결혼하고 이듬해에 돌아가셨다.

할머니는 몸이 약하고 음식 솜씨가 좋아서 밖에서 하는 일보다 음식 만드는 일을 주로 했다. 어머니는 그런 할머니의 요리솜씨는 어머니에게 고스란히 전수되었다. 할머니의 이가 좋지 않아서 늘 마음을 기울이던 어머니는 김장할 때도 딱딱한 무를 살짝 삶아서 담았다.

겨울이 오기 전에 조부모, 부모님 산소를 다녀와야겠다. 이번에 할머니 산소에 갈 때는 아이스께키보다 더 달콤하고 부드러운 아이스크림을 갖다 드려야겠다.

중학교 3학년 봄에 우리학교는 서울로 수학여행을 떠났다. 하지만 나는 아버지의 한마디에 수학여행을 포기해야 했다.

"나중에 서울 가서 공부할 텐데, 무엇하러 서울로 수학여행을 가나?"

그래도 가고 싶다고 떼를 썼으면 보내 주었을 텐데, 나도 아버지 말씀을 일정 부분 수긍했던 것 같다. 그때까지 고향집과 강릉을 벗어난 적이 없고, 타지방에 가본 적도 없었다. 아흔아홉 고개를 넘는다는 대관령이 멀리 보였지만 나는 그 산맥을 넘어본 적이 없었다.

수학여행을 다녀온 친구들은 비원이나 경복궁 이야기보다 입안에서 살살 녹는 아이스바 이야기만 했다. 딱딱한 얼음과자인 아이스께키만 먹어본 나로선 우유 맛이 난다는 부드러운 아이스바를 상상하기 어려웠다. 그래도 입안에 군침이 돌았다. 교실은 연일 아이스바 이야기로 시끌벅적했고 나는 군침을 꿀꺽 삼켜야 했다.

그것이 '삼강하드'였다는 것을 후에 알았다. 삼강하드는 삼강유지화학에서 1962년에 출시되었다. 지금까지도 수학여행하면 연상되는 게 삼강하드이다. 서울 가면 실컷 사먹자 했는데, 막상 70년 서울에 왔을 때는 삼강하드보다 기술이 향상된 롯데웰푸드(롯데제과의 전신)에서 더 맛있는 아이스바와 아이스크림이 나와 있었다. 메트로 신문(2023년 8월 31일) 신원선 기자의 〈메가히트 상품 스토리〉 빙과산업역사를 함께 써온 '아맛나'에서 일부를 인용해보겠다.

국내 빙과 산업은 1950년부터 60년 초반까지 소규모 개인 사업자들이 아이스께끼라고 부르는 막대형 제품을 생산하는 수준이었다. 대부분 설탕이나 사카린을 넣은 단물에 적당한 색소를 넣어 얼린 제품이어서 불량식품이나 다름없었고. 판매원들이 빙과 통을 어깨에 둘러메고 거리를 돌아다니며 파는 방식이었다. (…) 먹거리가 부족하던 시대 아이들이나 어른들도 좋아하는 대표적인 간식거리 또는 기호식품으로 인기가 높았다. (…) 삼강하드는 출시되자마자 시장에서 폭발적인 인기를 모았다. 기존 아이스께끼와 달리 위생적으로 잘 포장되어 출시되었다. 맛도 좋고 바 형태로 만들어져 먹기에도 편리해서 삼강하드를 많이 찾았다. 삼강하드는 아이스크림 시장의 판도를 바꾸어 놓았다. (…)

아이스케익은 60여 년을 거치면서 전 국민의 사랑받는 기호품이 되었다. 지금도 잊지 못하는 양은냄비에서 녹아버린 아이스께끼 이야기는 할머니의 사랑 이야기다.

천덕꾸러기 독

봄의 전령사들이 나뭇가지 끝에서 바람을 타고 속삭이며 오고 있다. 대관령 고갯길을 달리면 쪽빛 바다 저 멀리 수평선이 보인다. 봄 냄새가 물씬한 물미역이 파도에 너울거리는 것 같다.

솔밭 사이 해안도로를 달려 고향집 파란대문 앞에 섰다. 담장 안 백목련은 수문장처럼 집을 지키고 있다. 가지마다 손톱만한 꽃망울이 봄바람에 물이 올랐다.

대문을 열자 어미 고양이가 야옹 소리친다. 햇볕이 따뜻한 처마 밑에는 새끼고양이들이 눈을 비비면서 기지개를 켠다. 가을걷이를 못한 화단엔 낙엽이 어수선하게 뒹굴고 있다.

오십여 년 전 아버지는 조상 대대로 살아왔던 고향집을 농사를 짓던 작은아버지에게 넘겨주었다. 그리고 아버지는 시내에 있는 극장 옆에 집을 지었다. 살림집은 단층으로 검소하게 지어졌다. 주위에 위화감을 주는 것을 원하지 않았던 아버지의 고집 때문이었다. 대신 아버지는 집 뒤에 별채를 지어서 곳간으로 사용하였다. 집은 작고 검소하게 지었지만 앞마당은 넓게 터를 잡았다. 장미도 심고 꽃밭도 만들고 향나무와 주목나무도 심었다. 대문에서 집 현관까지 들어오는 화단 양쪽으로 회향목을 심어서 너른 정원을 만들었다. 후에 아버지가 돌아가시자 정원에 있던 주목나무는 오죽헌으로 보내졌다.

어머니는 대범하고 아버지는 섬세하였다. 어머니는 종부로 할 일이 많아서인지 화초나 나무에는 관심을 갖지 못했다. 아버지는 과수원 마당에 둥글게 화단을 만들어 매화나무를 심어서 정월부터 꽃을 보게 하였다. 이 매화꽃은 가끔 내 꿈속에 나타나곤 했다. 자줏빛 모란과 하얀 작약도 심었고, 담장 아래 꽃밭도 만들었다. 식목일이 되면 우리는 아버지와 함께 화단에 꽃모종을 심었다.

부모님이 돌아가시고 누구도 관심을 두지 않았던 곳간 문을 열었다. 한쪽 벽에 크고 작은 독들이 조르르 놓여 있다. 커다란 독은 쌀 몇 가마니나 들어갈 만하고, 중간과 작은 항아리는 종가집 장독대를 차지하고 있던 간장, 고추장, 된장 항아리들이다. 소금이나 잡곡 같은 것들을 넣어 놓기도 했다. 선반 위에 엎어 둔 크고 작은 함지박들이 항아리들을 내려다보고 있다. 예전에는 없어서는 안 되는 생활필수품들이었는데 이제 먼지만 쌓여가고 있다.

커다란 독은 다음해에 못자리에 뿌릴 볍씨를 보관하는 저장고였다. 바깥에 잿물을 발라 구운 독과 항아리는 숨을 쉬어서 병충해 예방도 되었다고 한다.

이른 봄 개울 건너 제방에서 아지랑이가 피어오르면 커다란 독들을 마당으로 내왔다. 볍씨가 든 독에 물을 채우고 따뜻한 봄볕을 얼마간 쐬면 싹이 텄다. 싹이 튼 볍씨들은 논에 있는 모판에 뿌려졌다.

누군가 산에서 꽃몽우리가 자잘하게 달린 진달래 가지를 한아름 꺾어와 볍씨가 담긴 독마다 꽂아 놓았다. 독 속의 물이 따뜻해지면 분홍색 진달래꽃이 피기 시작하고 우리 집 마당에는 앞동산보다 일찍 봄이 찾아왔다.

어른들은 농사 준비로 분주했다. 일찍 감자도 심고 논도 갈고 밭도 갈아야 했다. 겨울 동안 외양간에서 게으르게 되새김만 하던 소들이 바빠졌다. 강남갔던 제비가 돌아오고 외양간의 소들은 제철을 만나 하루 종일 논과 밭을 가느라고 고단하게 움직였다.

빈집에는 부모님이 사용하시던 생활용품들이 많이 있다. 이제는 사용하기 않는 물건들이라 아무도 관심이 없다. 곳간 속에 방치된 채로 묵은 먼지만 쌓여간다. 큰 독과 항아리, 함지박 같은 것은 색이 변하여 볼품없게 되었다. 함지는 플라스틱 그릇이나 스텐 그릇에 의해 밀려났고 독과 항아리는 냉장고와 대량생산되어 판매되는 식료품 시장에 의해 밀려났다.

그래도 내겐 귀중한 것들이다. 단순한 물건이 아닌 부모님을 찾아가는 추억의 문이기 때문이다. 보관을 감당하기엔 버겁지만 버리지도 못하는 까닭이다.

　조상들이 사용한 것을 후손들이 보관하기를 바랐지만 옛것을 좋아하지 않은 후손들은 갖고 싶어 하지 않았다. 나이가 많은 언니와 나만이 부모님의 흔적이 없어지는 것을 안타까워하고 있다. 이런 것을 세대 차이라고 하는 것일까. 왠지 마음 한쪽이 허전하다.

　나는 아직도 엄마 손을 놓지 못하는 어린아이처럼 흔적만 남아 있는 옛날을 놓지 못하고 있다.

목화솜 이불

　우리 생활이 서구화되기 전까지 결혼할 때 여자들은 대부분 목화솜 이불을 장만하였다. 어머니가 시집가는 딸에게 정성껏 만들어서 보냈던 사랑의 징표였다. 목화 꽃의 꽃말도 어머니의 사랑이다.
　옛부터 딸을 낳으면 오동나무를 심고 목화를 길렀다고 한다. 우리 집도 예외는 아니었다. 햇볕이 잘 드는 사랑채 앞 밭에 목화를 심었다. 고모도 우리 자매도 시집갈 때 이렇게 장만한 목화솜으로 이불과 요를 꾸몄다.
　목화꽃은 백색도 있고 황색인 것도 있다. 꽃이 활짝 피면 분홍색으로 변한다. 꽃잎이 나선형으로 한쪽 끝이 말린다. 달걀 모양으로 끝이 뾰족한 삭과는 처음에는 녹색으로 있다가 익으면 갈색으로 변한다. 삭과가 잘 익으면 긴 솜털이 달린 종자가 나오고, 삭과가 터지면서 나온 하얀 털을 모아서 솜을 만든다.
　어린 시절 할머니는 목화밭에서 목화를 따다가 따뜻한 방바닥에 말렸다. 하얀 목화는 안방 아랫목 차지를 하며 귀한 대접을 받았다.

이렇게 잘 말린 목화를 물레에 넣으면 씨만 떨어지고 목화솜은 돌아가는 물레 틈 사이로 빠졌다. 이것을 몇 년씩 모아 두었다. 이렇게 모은 목화솜은 신주단지처럼 다락방 깊숙이 보관하였다가 딸의 혼사가 정해지면 이불과 요를 만들었다. 이불을 만드는 날은 액운을 물리치기 위하여 붉은 팥밥을 하였고, 친척 중에서 아들이 있고 남편과 해로한 사람만 와서 이불을 꾸몄다.

내 장롱 속에 오래 사용하지 않은 이불 한 채가 있다. 시집올 때 어머니가 만들어준 이불이다. 손수 재배한 목화솜으로 꾸며졌으며 어머니의 정성이 들어간 것이라 그동안 버리지 못하고 간직하고 있었다. 시집올 때 장만하였던 것들 대부분을 오래되어서 거의 다 버렸지만 이 목화솜 이불만은 버릴 수가 없었다. 이제 없애야 할 때가 되었다고 생각하였고, 이사를 해야 할 것 같아서 이불을 꺼내서 방바닥에 펼쳤다.

본바탕은 초록색 공단에 끝동은 빨간색 공단을 대었다. 네 귀퉁이에는 빨간색 모란과 황금색 모란을 입체감 있게 수놓았고, 가운데에는 앵둣빛 붉은 장미를 수놓았다. 그리고 전체적으로 작은 장미꽃과 날개를 활짝 편 나비들을 화려하게 수놓았다. 내 딸이 이 이불을 덮으면 모든 액운이 사라지고 꽃길만 걷기를 바랐던 어머니의 간절한 마음이 고스란히 새겨진 이불이다. 어머니의 기도 덕분에 아들도 낳고 딸도 낳고 잘 살았다는 생각이 든다. 목화솜 이불 위에 어머니의 얼굴이 겹쳐온다.

　주택에 살 때만 해도 이 목화솜 이불을 사용했는데 아파트로 들어오면서 사용하지 않았다. 호청 꾸미는 일도 번거롭고 가벼운 이불이 나오면서 치워 놓았던 이불이다.

　화학솜 이불, 오리털 이불, 거위털 이불과 같은 가벼운 것들이 많이 생산되는 바람에 목화솜 이불은 밀려나고 말았다. 이제는 목화를 재배하는 곳도 찾아보기 어렵다. 솜틀집도 거의 찾아 볼 수가 없다. 이불 꾸미는 바느질하는 사람도 없고, 집에서 이불을 만드는 사람은 더더구나 없다, 이불호청을 집에서 빨아서 씌우는 사람이 찾아볼 수가 없다. 이젠 모든 것이 전문가의 솜씨를 빌리고 모든 것이 정성이 아닌 돈으로 해결하는 시대가 되었다. 아주 소수의 사람만 목화솜 이불을 사용한다는 소문은 있지만 대부분의 사람들은 가벼운 침구류를 사용한다. 아파트 문화는 난방의 혁명적 변화였다. 바람이 들이치지 않고 춥지도 않은데 뭣하러 무거운 솜이불을 덮겠는가.

　나도 딸들을 출가시킬 때 집에서 이불을 꾸미지 않았다. 어미의 정성이 들어간 이불은 생각지도 않고 백화점에서 장만해 주려 했는데 그나저도 선택권이 없었다. 급격한 시대의 변화로 본인들이 취향에 맞는 이불을 장만한다는 것이었다.

　방바닥에 펼쳐진 목화솜 이불은 친정어머니를 희싱하게 하는 마지막 나에게 남겨진 선물 같은 것이다. 버려야 하나 말아야 하나 한 나절을 망설이다가 결국 나는 다시 곱게 개켜서 장롱 속에 넣었다. 비록 지금은 사용하지 않지만 친정어머니 보듯이 가끔 펼쳐보면 좋을 것 같아서다. 무소용이면 어떤가. 그저 아직은 간직하고 싶은 마음이다.

슬픈 역사, 그 기와집

 읍내에서 고향 마을로 가는 길에 근사한 기와집 셋 채가 위풍당당하게 서 있다. 높은 벼슬을 하였던 대감집처럼 보인다. 이 기와집은 언제 지어졌는지 자세히 모르지만 내가 태어나기도 전에 지어진 건 분명하다. 어쩌면 일제강점기에 지었는지도 모르겠다. 한국 전쟁 당시 온 동네가 불바다가 되어도 이 집들은 온전하게 보존되었다. 전쟁이 종전된 지 70여 년이 흘렀지만 그 악몽 같았던 시절을 기억하는 사람들은 이 집을 아직까지도 빨갱이 집이라고 부른다. 그런데 노무현 정부 때 국가보조금으로 근사하게 보수를 하였다. 나는 이 집 앞을 지날 때마다 슬픈 사연을 떠올린다.

 두 형제가 이웃하고 살았는데 큰집의 규모가 더 우람하다. 지식인이었던 이 기와집 주인들은 6.25때 좌익 활동을 하였다. 전쟁이 막바지에 접어들고 괴뢰군들이 이북으로 후퇴하자 가족들을 데리고 월북했다. 형제가 모두 공산주의 사상을 갖고 있었는지 북으로 가면서 작은집 부인과 큰집, 작은집 아이들만 남기고 남자와 여자들

모두 북으로 넘어갔다. 사람이면 할 수 없는 기가 막힌 행동이었다. 어린 자식들을 모두 버리고 갔을 만큼 공산주의 사상이 무섭다는 생각이 들었다. 작은집 여인만 혼자 남아 두 집 아이들을 끌어안고 서 가르치며 길렀다. 부잣집이어서 딸들은 사범학교를 보내고 아들들은 대학을 보냈다. 그렇지만 대학을 나와도 연좌제에 걸려서 취직도 못한 것으로 알고 있다. 약 오 리 정도 떨어진 또 한집은 아이들과 부인만 남겨놓고 남자 혼자서 북으로 갔다. 이 기와집 아들도 서울에 있는 명문대학을 나왔지만 취직할 수가 없어서 고향으로 내려와 농사지으면서 늙어가고 있다. 남겨졌던 아이들은 이제 팔십을 넘어선 노인네들이 되었다.

나머지 모든 집들은 전쟁 중에 국군이 남하하면서 또 괴뢰군이 북으로 퇴각하면서 불을 놓아서 태웠다고 한다. 우리 집도 모두 타버려서 어머니는 작은댁에서 나를 낳았다. 포격 때문에 내 위에 오빠 둘이 홍역을 앓다가 약도 쓰지 못하고 죽었다. 고향은 38선이 가까이 있어서 전쟁이 치열한 곳이었다. 내가 어린 시절을 보냈던 고향 윗농네는 남자들이 모두 이북으로 넘어가기도 했다. 휴전선과 아직도 대치하고 있는 남과 북은 이념 전쟁 때문에 항상 불안하다. 전쟁을 경험해보지 않은 세대들은 설마하면서 요행을 바라지만 걱정스럽다.

어린 시절 할머니는 자주 전쟁 때 일어난 이야기를 했다. 전쟁이

나자 동네에 불만이 많던 청년들이 빨갱이 완장을 차고 나타나 동네 사람들을 잡아가거나 죽였다고 한다. 친정어머니는 포탄이 동네에 떨어져 뒷산 동굴로 피신을 하였는데 얼마나 혼비백산하였는지 포대기 속 아기가 떨어지는 줄도 모른 채 뛰었다고 한다. 동굴에 도착하여 아기가 포대기 속에 없는 것을 알게 된 어머니는 포격이 심한데도 뛰쳐나가 부엌바닥에 떨어진 아기를 안고 돌아왔다. 그 아이가 바로 나였다.

친정아버지는 돌아가시는 순간까지 우리나라가 두 쪽으로 갈라진 것에 대하여 걱정했다. 청년기에 직접 경험한 전쟁이고 잡혀서 끌려가기 직전 탈출하였기 때문에 공산주의 사상은 쉽게 변하지 않는다고 하였다. 항상 젊은이들을 걱정하면서 통일을 기원했지만 끝내 통일을 보지 못하고 돌아가셨다.

아픈 역사를 간직한 이 검푸른 기와집은 한이 서려 있을 것 같다. 어린 자식들만 남기고 북으로 넘어간 어머니는 어린 자식들이 눈에 밟혀서 어떻게 살아갔을까. 생각하면 무섭기도 하고 슬프기도 하다. 분명 한(恨)을 안고 후회로 점철된 일생을 살았을 것이다. 모든 가족을 데리고 간 아버지도 공산주의에 속았다는 생각을 했을 것 같다. 당시 북으로 갈 때는 빠른 시간 안에 통일이 되어 가족을 다시 만날 것을 기대했을 터이지만, 이산의 세월이 칠십년 이상 흘렀다. 아직까지 가족 상봉했다는 이야기는 듣지 못했다. 버리고 간 사식들이 이젠 할아버지, 할머니가 되어 죽음을 눈앞에 두고 있다. 검푸른 기와집에 남겨진 자식들은 사람들의 손가락질을 받으면서 취직도 하지 못하고 살아왔다. 이제는 많이 퇴색되어 잊히고 있지만 악몽 같은 전쟁을 치른 세대는 아직도 검푸른 기와집 앞을 지날 때마다 한마디씩 한다.

"저 집은 빨갱이 집이다."

우리의 소원인 통일은 언제 올는지. 후손들에게는 핵전쟁의 위험이 없는 평화스런 대한민국이 되었으면 한다. 통일은 저 멀리 산 너머 황소걸음으로 걸어오고 있는 것일까?

4부

잃어버린 생일

풍요 (45x45cm) silk에 염색 작가 최윤실

박꽃 어머니

오늘도 장롱 문을 열었다. 가슴이 뭉클해진다. 10년 전 훌쩍 가버린 어머니가 보고 싶다. 보름 밤 흙 담장에 곱게 핀 박꽃 같은 어머니였다. 어머니의 삶이 스며 있는 옥색모시 한복 치마저고리를 펼쳐본다. 칠흑 같았던 쪽진 머리에 연옥색 한복을 입고 꽃무늬가 그려진 양산을 쓰고 외출하던 모습이 어제처럼 생생하다.

어머니를 산에다 모시고 내려온 다음날 자매들이 어머니 유품을 정리하기 시작했다. 장롱 서랍을 하나씩 열었다. 11대 종부의 서랍 속이 궁금했다. 서랍이 열릴 때마다 호기심 반 기대 반으로 내려다보고 있었다. 서랍 속에는 73년 전 어머니가 19살의 아버지와 혼인할 때 받았던 사주단자와 외할아버지가 사돈인 할아버지께 쓰신 편지가 곱게 비단 보자기에 싸여 있었다.

버선 몇 켤레도 눈에 들어왔다. 겉은 여러 번 기어서 발바닥 부분은 기어진 부분이 더 많이 차지하고 있었다. 오랜 세월이 흐른 탓인지 거무스레한 곳이 있어 버선을 뒤집어 봤다. 거기엔 영어로 인쇄

된 검은색 글씨가 있었다. 6.25 전쟁이 끝나고 먹을 것이 귀할 때 미국에서 우리나라에 구호품을 보내준 적이 있다. 그 중에는 옥수수 가루며 밀가루도 있어서 학생들에게 나눠 줬었다. 그때 밀가루 자루를 잘라서 지으신 버선이었다. 하필 그 버선을 돌아가시는 날까지 간직하셨을까?

구순의 연세에도 신지 않는 버선을 간직하셨던 어머니의 마음을, 내 나이 일흔 문턱에서 겨우 깨닫게 되었다. 어머니는 당신이 어려웠던 시절을 잊지 않으려는 증표로 남기신 게 문명해 보인다. 자식들에게 겸손과 절약을 무언의 몸짓으로 보여주신 것일까.

값나가는 물건은 없었지만 어머니의 장롱 속에서 마음을 비운 수도자의 모습을 보았다. 난 아무도 눈여겨보지 않은 버선과 모시 한복 그리고 물레를 돌려서 직접 꼰 실 한 타래와 손수건 한 장을 보자기에 곱게 쌌다. 20년도 더 된 스웨터 하나도 챙겼다. 지금도 날씨가 약간 쌀쌀하면 난 그 스웨터를 입는다. 내 딸 춥지 않게 감싸주시는 어머니의 품속 같은 따뜻함을 느낀다.

할 일이 많으셨던 11대 종부는 어느 날 고관절 뼈가 녹아서 걷지 못했다. 돌아가시기 6개월 전 우린 어머니를 서울에 있는 요양병원에 모셨다. 큰 바위처럼 종가를 굳건하게 지키던 분이 어느 날 갑자기 교도소 같은 침대 위에서 몸부림을 치면서 그 집을 그리워하셨다. 하루하루를 피멍이 들면서 애달파하던 모습이 지금도 어제 일처럼 생생하다.

병원에는 옥상 정원이 있었다. 딸들이 매일 교대로 가서 어머니를 휠체어에 태워 경부고속도로가 훤히 내려다보이는 전망 좋은 옥상 정원으로 모시고 올라가 이야기를 나누었다. 하지만 매일 보는 딸들은 출가외인이라 여겼는지, 형편상 오지 못하는 맏아들을 애타게 기다리셨다. 고속도로를 달리는 모든 차들이 다 '내 고향 내 집'으로 가는 차라고 착각하면서 허공에 빈 손을 내젓는 횟수가 잦아졌. 그때 자주 오지 못한 오빠는 어머니가 돌아가신 2년 뒤 어머니 곁으로 떨어진 꽃잎처럼 가버렸다.

예의를 중요시하던 아버지 덕분에 어머니가 고달팠다. 어느 날 어머니는 쪽진 머리가 불편하였는지 아니면 시대에 맞게 살고 싶었는지 읍내 미장원에서 머리를 뽀글뽀글 파마를 하고 왔다. 그날 집안에서 난리가 났다. 그 다음부터 아버지는 어머니 옷 입는 것까지 간섭하기 시작했다.

"너희 아버지는 아마 내 묘 속까지 따라와서 잔소리를 할 것 같다."

그러면서 웃으시는데 그 웃음은 영락없는 박꽃이었다. 그러나 돌아가시기 얼마 전 우리 앞에서 너희 아버지가 가장 잘 생겼다고 하신 걸 보면 많이도 좋아하신 모양이다.

이제 휘영청 보름달이 뜬 하늘에서 아버지 손잡고 하얀 박꽃을 내려다보고 있을 것 같다.

복사골의 영웅

　고향집 거실에는 60년 전에 찍은 부모님 흑백 사진을 걸어 놓았다. 사진 속 젊은 날의 아버지는 어깨에 너무 많은 짐을 지고 선구자처럼 걸어오신 분으로 많은 사람들에게 큰 산 같다는 칭송을 받았다. 누군가에겐 커다란 우산이 되어 거친 비바람과 휘몰아치는 눈보라를 막아주었고 또 누군가에겐 따뜻한 햇볕이 되어주었다. 격동의 세월을 살아오면서 때로는 목숨이 바람 앞에 등불 같은 때도 있었다.

　일제강점기 3.1운동이 있었던 기미년 다음해인 경신년(1920년)에 강원도 명주군 주문진읍 장덕리에서 최00과 최00 사이 오남매 중의 가난한 11대 종손으로 태어났다. 물질적으로 받은 것은 없고 종손이라는 책임감과 의무감은 무거웠다. 가난하지만 종손은 공부를 해야 한다는 명분으로 강릉농업고등학교에 진학할 수가 있었다. 잃어버린 조국의 한을 품고서 일본 학생을 이겨야 한다는 생각으로 밤낮 공부에 전념하여 수석으로 졸업하였다.

일등한 졸업생은 서울(경성)에 있는 영림서(산림청)로 발령이 났다. 청년은 서울에서 공직 생활을 시작했지만 일본 사람들과 차별이 심했다고 한다. 19살에 결혼을 하고 함경도에서 공직생활을 하다가 3.8선이 그어지기 직전에 그만두고 고향으로 돌아왔다. 종손을 살려야 한다는 집안 어른들의 강요에 의해서였다. 그때는 12대 종손인 오빠까지 있었다. 종손 2대가 함경도에 있었으니 어른들 애가 탈 만도 했다.

아버지는 1939년 19살에 할아버지의 친구인 천석꾼의 맏손녀와 혼인을 했다. 친구인 양쪽 집안의 할아버지들이 손주와 손녀딸을 맺어준 것이다. 가난한 종손에게 손녀딸을 시집을 보낸 것은 청년이 똑똑하다는 것이 이유였다. 규수의 오빠는 보성전문 영어과에 다녔고 동생들은 춘천고등학교를 다니는 집이었다.

해방이 되자 우리 사회는 좌익과 우익이 맞서면서 혼란과 격동의 시대로 들어섰다. 어수선한 분위기로 38선이 생길 것 같다는 소문이 돌았다. 하루속히 고향으로 돌아가겠다는 생각이 들자 직장에 사표를 내고 가족들을 데리고 고향으로 온 것이다.

스물다섯 살 젊은 청년 최 00이 고향에 돌아왔을 때도 마을은 가난을 벗어나지 못하고 있었다. 아버지의 전공인 과일 나무들 심기로 했다. 그동안 농업학교와 영림(산림 관리청)에서 배운 기술로 기후와 토질에 잘 맞는 과일 나무를 선택하였다. 놀고 있는 야산을 친척에게 빌려서 밭으로 개간하였다. 그런 다음 우선 기후가 잘 맞는 사과와 배, 복숭아 묘목을 심었다. 밤낮 없이 농업 관련된 책을 보고 연구를 하면서 새벽부터 어두워질 때까지 나무와의 싸움이 시작되었다. 가난에서 벗어나기 위한 몸부림이었다.

그러나 1950년 6월 25일 터져버린 한국전쟁으로 모든 것을 잃을 뻔했다. 묘목을 식재한 지 5년이 지나자 복숭아꽃이 피고 복숭아를 수확할 여름이 되었는데 수확도 하지 못한 채 모두 피난길에 올라야 했다. 서른 살의 아버지는 지방에서 활동하는 빨갱이한테 잡혀서 창고에 갇히고 말았다. 그들은 공무원 출신의 똑똑한 아버지를 북한으로 데려가려고 회유하였다.

괴뢰군들이 퇴각하면서 잡혀 있는 사람들을 북으로 끌고 갈 계획이었다. 아버지는 반 체념 상태였지만 이북으로 끌려간다고 생각하니 눈앞이 깜깜했다. 부모님이랑 처자식하고 생이별을 해야 하고 조상님들 산소와 기제사는 또 어떻게 할 것인가.

비가 주룩주룩 오는 밤 아버지는 우두머리를 찾아가서 조상님 산소를 다녀오겠다고 사정을 했다. 아버지가 문중의 종손이라는 것을 잘 아는 문중 사람이었다. 공부도 많이 하고 똑똑하다고 소문이 난 사람인데 사상이 좌익으로 편향되어서 전쟁이 나자 공산주의자가 된 것이었다.

"한밤중이니 아무도 안 볼 때 여기서 나가라. 내일 모두 이북으로 퇴각할 것이다."

그가 아버지를 탈출시켰다.

아버지는 빗속을 헤치며 우선 산소로 가서 절을 하고 산속으로 숨었다.

동굴 속에서 며칠을 굶으면서 물만 마시고 지냈다. 이미 전세가 기울어 괴뢰군들은 북으로 후퇴하는 중이었다. 동해바다에는 군함들이 정박해서 퇴각하는 괴뢰군들을 향해 계속 함포 사격을 하고 있었다. 창고 속에 갇혀 있던 많은 젊은 사람들은 짐꾼이 되어 북으로 끌려가 영영 돌아오지 못한 채 한많은 객이 되었다.

괴뢰군이 북으로 퇴각하자 남쪽군인들이 마을로 들어왔다. 전쟁은 끝이 보이지 않았다. 간신히 목숨을 건진 아버지는 가족들을 데리고 주문진에서 군함을 타고 부산으로 피난을 갔다. 휴전이 되어 고향 집을 찾았을 때는 날뛰던 빨갱이 집들만 그대로 있고 나머지 집들은 모두 잿더미가 되어 있었다. 아버지는 땅에 심어 놓은 나무에 심혈을 기울였다. 땅은 정직하게 보상해줬다.

이때부터 아버지로 인하여 새마을 운동이 일어나기 시작했다. 온 동네 사람들에게 유실수 심기를 권장하고, 도로를 넓히고 어린아이들의 교육을 위하여 동네 가까운 곳에 학교를 유치했다. 학교에 교사들이 거처할 사택을 짓고 학교가 자리잡을 때까지 10년 이상 정성을 쏟았다. 유실수가 수입원이 된 동네에선 집집마다 여유가 생겨 아들, 딸 구분 없이 교육을 시키기 위하여 도시로 보냈다.

강릉, 명주 일대에서 마을 이름도 옛날부터 내려오던 노루목이란 이름 대신 새말이라 불리기 시작했다. 한참 후에 박정희 정부에서 새마을운동이 일어났다.

  70년이 흐른 요즘도 고향마을은 봄이면 복숭아꽃이 온 동네를 분홍빛으로 물들인다. 이름하여 복사골이다. 이 지역은 아버지와 어머니 그리고 선대 조상님들의 산소가 있고 아버지가 맨 주먹으로 일군 과수원과 농토가 있다. 아버지의 신앙과도 같은 곳이다. 무거운 짐을 지고 힘겹게 걸어오신 아버지의 어깨는 얼마나 무거웠을까. 언제나 최선을 다하면서 살아오신 아버지는 그 시대의 선구자였다.
  지금도 강릉 농업연구소에서나 농사를 교육하는 곳, 또는 과수나무를 가르치는 곳에서 아버지의 이야기가 전설처럼 전해지고 있다. 몸은 가셨지만 그 정신만은 이어지고 있는 것이다. 아무리 어려운 환경에서도 최선을 다하고 항상 검소하게 살아오신 아버지는 나 뿐 아니라 우리 형제자매들, 친지와 이웃에게도 복사골의 영웅으로 회자되고 있다.

마음의 거울

　책장에서 누렇게 빛이 바랜 책 『명심보감』이 눈에 들어왔다. 시집 온 맏며느리에게 시아버님이 제일 먼저 선물한 책이다. 마음을 밝게 하는 보물 같은 거울이란 뜻을 지닌 『명심보감』은 조선시대 어린이들의 인격 수양을 위한 한문교양서였다. 그걸 맏며느리에게 주신 것은 기대를 한다는 뜻이었다. 『명심보감』을 읽고 그 뜻에 맞추어 살아가길 바라는 마음에서 책방에서 구입하셨을 것이다.

　갑자생인 시아버지는 가난과 혼란의 일제강점기에 몰락한 양반집에서 태어났다. 머리는 좋았지만 정규 교육을 받지 못해 독학으로 공부해서 공무원 시험에 합격했고 내무부에서 공직생활을 했다. 얼마나 많은 책을 읽었는지 역사, 사회, 과학, 정치, 미술까지 모르는 것이 없었다. 한문은 물론이고 한시도 줄줄 외우셨다. 공부에 대하여 쌓인 한을 자식들로부터 보상받으려고 했지만 아버님만큼 하는 자식은 없었다.

　성격이 예민하고 기상이 출중했고 뼛속까지 양반이란 자존심으로 채워져 있었던 시아버지는 하고자 하는 일에는 뚜렷한 주관으로 밀어부쳐 누가 감히 반기를 들 수가 없었다. 당신은 대쪽같이 서서 죽을 거라고 늘 말씀하시더니 그 말씀대로 63세되는 11월 마지막 날 외출에서 돌아오신 후 눈물 한 방울 흘리고 운명하셨다.

그날 아버님은 서울 순흥 안씨 총 종친회에 참석한 후 호떡 한 봉지를 우리 집에 넣어 주고 아래층으로 내려가셨다. 종친회에서 부회장으로 선출되어 신경이 쓰였던지 일찍 잠이 드셨는데 몇 시간 후 뇌출혈로 생을 마감했다.

멀리 외출하실 땐 커든 뒤 기둥에 중요한 것을 적어 붙여 놓곤 하셨다. 일찍 가시려고 서둘렀던가. 유난히 맏며느리인 나를 믿고 예뻐해주셨지만 가르침에 대해선 혹독하여 나는 시아버지 시집살이도 녹록지 않았다. 맏며느리만 잘 가르쳐 놓으면 집안이 잘 될 거란 확신이 있었던 것 같다. 나에게 싹수가 보였는지 시아버님은 저녁마다 당신의 지식을 내게 전수하려고 했다. 좋은 책을 읽게 하고 심지어는 영문과 출신 셋째며느리가 들어오자 『타임』지를 사 와서 세 며느리에게 공부 삼아 읽으라고 했다. 아들에게 걸었던 기대가 어그러지자 며느리들에게 기대를 하는 것 같았다. 그러느라 시아버님은 얼마나 힘이 드셨을까.

딸 둘을 낳고 아들을 낳자 우린 주말마다 본가로 가서 하루 밤을 묵어 왔다. 그것도 성에 차지 않으셨는지 수요일마다 우리 집으로 오셨다. 그 깊은 사랑을 그때는 몰랐는데, 내가 손주가 온다는 연락이라도 오는 날은 서성이면서 창밖만 내다보는 마음이 꼭 그때 시아버님의 마음과 같은 것 같다. 나는 종부라는 강박에 사로잡혀 시아버님이 시키면 무엇이든지 열심히 하려고 애를 썼다. 나만 잘하면 모든 사람들이 편안해질 것 같아 그토록 열심히 한 것인데 아랫동서들이 따라오느라고 많이 힘들었던 것 같다.

시아버님이 돌아가시고 일 년 후 열여덟 명의 가족이 같은 비행기를 타고 고모님이 있는 호주로 여행을 떠났다. 살아계실 때 고향에 성묘라도 가는 날은 부자나 부부가 한 차에 타면 안 되었다. 아버님의 엄명으로 가족이 자동차마다 분산하여 타느라고 야단법석이었다. 만일 사고라도 나면 온가족의 불행을 막기 위해서라는 것이었다. 그때는 모두 그 말씀을 따랐지만 돌아가신 다음 우리는 아버님의 뜻을 거역하고 같은 비행기를 타고서, 만약 하늘에서 내려다보고 계시면 노발대발하시겠다면서 모두들 웃었다.

아버님은 떠나셨어도 언제나 마음의 거울처럼 우리를 돌아보게 하신다.

잃어버린 생일

나는 결혼하면서 내 생일은 잃어버렸다. 시어머니와 함께한 세월이 40여 년 되었지만 내 생일이라고 특별히 챙긴 적은 없다. 결혼하고 나서 어머니 생일상 차림은 한 번도 빠지지 않고 맏며느리인 내가 차려야만 했다. 시어머니의 생신은 하필 내 생일 다음날이었다. 나는 내 생일날 아침부터 시어머니 생신 준비로 바빴으니 내 생일은 자연히 잃어버린 생일이 되었다.

오래간만에 외국에서 들어온 딸과 사위가 형제들이 모여 운동을 하려고 아들에게 연락했는데 며느리가 마다하여 가지 못한다고 했다. 아들은 제 아내 눈치를 보느라 좀 난처한 것 같았다. 나는 아들 내외가 동행하지 못한 이유를 한참 동안 생각했다. 시어머니의 입장에서 며느리에게 말을 해야 하나, 아니면 아들을 불러다 엄마 입장으로 이야기를 해야 할까. 아들은 코로나로 바쁜 회사 일과 거듭되는 회식 때문에 아내의 생일을 챙겨주지 못했다고 한다. 며느리는 화가 단단히 난 모양이다. 그래도 나는 며느리에게 미리 생일 선물을 주었고 생일날 전화까지 했는데 아들의 무심함으로 내 성의까지 물거품이 된 것 같아 서운했다. 고민 끝에 먼저 아들에게 전화했다.

"생일을 챙겨주지 않아서 싸웠어? 며느리한테 한마디 할까?"

아들의 마음을 떠보려고 마음에도 없는 말을 했다. 아들은 대뜸 말했다.

"저를 꾸짖으세요."

곧바로 며느리에게 전화를 걸었다.

"생일 못 챙겨준 우리 아들 용서해줘라."

"호호, 어머니 아셨어요?"

"동네에 소문이 쫙 났어."

그리고 한마디 덧붙였다.

"아들이 아빠가 엄마 생일 챙겨주는 것을 못 보아서 그런가보다. 잘못 가르친 내 탓이다. 내년부터 그런 일은 없을 거야."

말로는 아들의 잘못은 인정하면서도 기가 죽어 있을 걸 생각하니 내 마음도 편치 못했다. 해마다 돌아오는 생일인데 한 번 잊었다고 기까지 죽을 일은 아니다 싶었고, 그래도 일 년에 딱 두 번 아내 생일과 결혼기념일만 잘 챙기면 363일을 편안하게 지낼 텐데, 하면서 속을 잠깐 끓였다. 이게 세대 차이인가 하는 생각도 해보고 수난을 치르는 아들이 안타깝기도 했다.

그러나 이런 때일수록 시어머니가 아니라 3자의 입장에서 냉정한 판단을 해야 할 것 같았다. 자칫하면 사소한 일로 인간관계가 모두 힘들어지는 게 세상사다. 잃어버린 내 생일을 돌아보았다.

　나는 처음부터 시어른들과 같이 살았고 시어머니가 자상한 성격이 아니었다. 내가 내 생일을 챙기지 않으니 남편도 무심했다. 아들과 딸들이 시어머니가 돌아가신 뒤부터 챙겨주었으니 내 생일은 결혼하고 40여 년이 지나서야 찾았다.

　생일상을 받고서 어린 시절 할머니가 챙겨준 생일날 아침을 떠올렸다. 어머니는 할머니의 지시대로 팥을 삶아서 찰밥을 하고 광에서 명태를 꺼내다 찜을 찌고 미역국을 끓여 주었다. 어머니는 층층시하에서 내 자식 생일이라고 드러내놓고 뭘 차릴 만한 집안 분위기가 아니었는데 할머니가 손녀 손주들 생일상을 챙겨주곤 하셨다.

　아버지는 부모님 앞에서 생일을 하지 못하게 했다. 자연히 우리들도 조부모님이 생존해 계실 때까지는 아버지, 어머니 생신을 차리지 못했다. 그런 아버지 밑에서 자란 나는 시어른 앞에서 내 생일을 챙기는 건 생각지도 못했다. 내 생일 다음날이 시어머님 생신이었어도 섭섭한 생각없이 자연스럽게 받아들였다. 내 생일보다 시어머니 생일을 챙기는 건 당연했다. 그렇지만 나한테 지혜가 있었다면 생일날 친정어머니께 전화라도 했더라면 좋았을 것이란 생각이 뒤늦게 들었다. 전쟁 중에 나를 낳고 고생하셨을 어머니를 생각하지 못했다. 항상 후회는 뒤늦게 찾아온다.

　나는 자식들과 사위, 며느리 생일은 꼭 챙긴다. 소소하게 배려를 하면서 서로에게 섭섭한 일이 생기지 않도록 노력을 하는 것이다.

아들의 무심함으로 인하여 나는 며느리에게 시어머니의 자존심을 내려놓고 부탁을 했다.

우리 노인네들은 빠르게 변하는 세상 따라가기가 참말로 힘이 든다.

아버지의 간절한 마음

잊고 있었던 반지를 찾았다. 결혼할 때 친정아버지가 새신랑에게 준 반지다. 남편은 결혼 초에 잠깐 끼다가 슬그머니 빼놓고 잊고 있었다. 45년이란 세월이 흘렀지만 반지를 만들었던 깊은 뜻을 말씀하시던 아버지의 얼굴을 잊을 수가 없다. 당신의 부족한 딸을 보내니 많이 참고 잘 살아주었으면 하는 부탁이라고 했다. 딸에게는 남편과 잘 살아 친정에 허물이 되지 말라는 압박처럼 느껴지기도 했다.

아버지는 딸 넷이 결혼할 때마다 사위에게 중앙에 참을 인(忍)을 새긴 반지를 만들어 주었다. 결혼하는 딸이 물가에 내놓은 아이처럼 불안하였던가보다. 내 딸이 많이 부족하니 참고 잘 살아 달라는 아버지 마음의 징표였지만, 생각하기에 따라선 인(忍)이라는 글자가 부담을 줄 수 있었을 것이다. 반지를 받은 맏사위는 농담 반 진담 반 당신 딸보고 참으라고 하지, 왜 사위보고 참으라고 하냐고 했다고 한다. 다른 사위들도 표현은 하지 않았지만 크게 다르지 않았을 것이다. 나는 남편에게 물어보았다.

"결혼할 때 '참을 인'이라는 글자가 새겨진 반지를 받고 무슨 생각을 했어요?"

"살아보지 않았으니 참을 일이 많았겠어?"

그러고는 농담 한마디를 덧붙였다.

"나는 귀금속을 받았으니까 횡재라 생각했지."

반지가 보석이란 말인지 나를 보석이라 표현하는 건지, 묘한 웃음을 흘렸다.

아버지는 평소 '너 자신을 알라'는 말을 아들에게는 하지 않았지만 딸들 귀에 못이 박히도록 했다. 이 말은 네 위치와 분수를 알고 겸손하게 행동하라는 뜻이었다. 맞선을 보는 날은 신새벽에 서울에 있는 딸에게 전화를 했다. 입술은 빨갛게 칠하지 마라, 옷차림을 얌전하게 하거라, 등등 폭풍 잔소리를 하고 전화를 끊었다. 같이 있지 않은 딸이 실수라도 할까봐 걱정되어 지난밤 잠을 설친 것 같았다. 나는 아버지가 선보러 나가지, 하면서 투덜댔지만 올바른 말씀이란 것을 알고 있었다. 아버지는 겸손하게 사셨던 분이다. 예의를 중시하며 늘 실천 정신이 투철하셨다. 아버지의 간절한 마음이 오롯이 새겨진 반지 덕분인지 딸들은 무탈하게 살아왔다.

딸자식이 잘 살아주길 바라는 아버지의 간절한 마음과 간절한 기도가 새겨진 반지를 내 손가락에 끼워본다. 아버지의 마음이 내 가슴 깊숙이 전해오며 전율이 일었다.

딸 셋이 공무원을 만나 평범하지만 어려움 없이 살았다. 나는 힘들다는 시집살이도 친정아버지가 준 반지 덕분에 참을성 있게 잘 넘길 수 있었다. 힘들고 어려운 일이 닥쳐도 친정집을 찾지 않고 혼자 견뎌낸 것도 아버지가 주신 반지의 뜻을 알기 때문이었다.

시부모님도 돌아가시고 남편이 내 칠십 생일날 자식들 앞에서 나를 칭찬을 하는 바람에 어리둥절하였다. 평상시 내색하지 않던 남편의 말에 자식들은 고개를 끄떡이면서 공감해주었다.

"너희 엄마가 시집와서 우리 집을 더 우뚝 서게 했다."

내가 살아온 몇십 년을 보상 받는 느낌이었다. 아버지가 주신 반지의 참을 忍자 덕분이었다. 아버지처럼 힘든 시기를 살아오지 않았지만 아버지 정신에 부합하려고 내 나름대로 노력했다. 평상시 아버지의 말씀을 내 앞길을 밝혀주는 불빛 삼아 나는 앞만 보면서 묵묵히 걸어왔다.

아버지는 멀리서도 나를 따뜻하게 감싸주면서 앞길을 헤쳐 나가게 하는 등불이었다. 평생 이 자식 저 자식 걱정에 편안한 날이 없었고 돌아가시는 날까지 자식들 사진이 들어 있는 앨범을 보물처럼 소중하게 생각하며 고향집을 지켰던 아버지. 멀리 있는 자식들이 대문을 열고 들어설 것 같아서 아버지의 귀는 대문 밖에 매달아 놓고 사셨을 것 같다.

나는 아버지가 돌아가신 후에 글을 쓰기 시작했다. 한 글자 한 글자 적어나갈 때마다 아버지의 깊은 사랑을 더욱 절실하게 깨달았다. 그동안 아버지가 주신 사랑을 잊고 살아왔다는 자각도 뼈아프게 일어났다.

　평생을 자식들 버팀목이 되었던 아버지의 사랑이 따뜻한 바람이 되어 내 등을 도닥거리는 것 같다. 나는 아버지 앞에서는 영원한 철부지다. 겨울밤 보름달을 쳐다보면서 일흔이 넘은 자식은 후회해도 소용없지만 뜨거운 눈물을 쏟아낸다.

다름을 인정하는 마음

다름을 인정한다는 것은 어려운 일이다. 특히 종교에서는 자기가 믿는 종교를 우상시하면서 절대적인 믿음을 갖는 경우가 일반적이다. 한 부모에서 태어난 우리 오남매의 종교는 푸짐하게 차려진 한상으로 서양식, 동양식, 한식, 유럽식 다 있다. 아버지는 어머니보다 9년을 더 사셨지만, 특정 종교를 갖고 있지 않았다. 11대 종손으로 조상님 잘 모시는 것이 종교였다고나 할까. 일 년에 열한 번의 제사를 지내면서 지극한 정성을 기울이며 효를 만사의 근본이라고 믿었던 분이다. 아버지는 자식들에게 주문처럼 늘 말씀하셨다.

"조상과 부모한테 효를 못하면서 종교를 갖는 것은 의미가 없다."

새벽에 일어나면 반드시 할아버지, 할머니 방안에 들러 문안 인사를 드리면서 주무신 요 밑에 손을 넣어보면서 밤새 방안 온도가 내려가 잠을 설치지는 않았는지 여쭈었다. 이런 모습을 늘 보고 배운 자식들은 다양한 종교를 가졌어도 아버지의 말씀대로 효를 중요하게 생각하면서 살았다. 그래서 성품들이 순종적이다. 언니는 대학교 때부터 교회에 나갔지만, 형부가 절에서 기도해서 낳은 아들이라 전도하는 데 무척 힘이 들었다고 했다. 형부의 반대에도 새벽기도를 하는 모범적인 신앙생활을 했다. 교회를 다니면서 형부 뜻대로 조상님 제사도 정성스럽게 모셨다. 형부는 나이 들면서 건강이 나빠지자 결국 언니의 손을 들어주었다. 언니는 무려 40여 년을 기다리면서 기도로써 이겨냈다.

외향적인 성격이지만 참선을 좋아하고 사찰을 좋아했던 나는 사찰을 찾아다닐 기회가 많았다. 내 인연은 불교였던 것 같다. 대학교 때부터 불교 문양을 작품에 많이 응용하였다. 방학이면 사찰을 찾아가서 문양을 찍었고, 산을 좋아해서 어느 땐 산사에서 묵기도 했다. 시댁도 불교 집안이라 자연스럽게 불교 공부를 하게 되었다.

불교는 종교 이전에 철학이다. 인도에서 중국을 거쳐 우리나라에 들어오면서 옛날부터 민초들이 믿던 토속신앙을 자연스럽게 융합했다. 대부분의 사찰마다 산신을 모셔 놓은 산신각이 그걸 증명한다.

보살이 되기 위한 기도는 혹독했다. 절은 자신을 가장 낮추기 위한 여습이었다. 마음속 허상과 욕심을 버리는 연습으로 108배는 기본이었다.

언니와 나는 종교는 달랐지만 서로의 종교를 존중해주었다. 언니는 동생이 같은 종교를 갖지 못한 것을 아쉬워했지만 허튼 행동을 하지 않고 모범적으로 살아가는 모습을 보였고, 믿는 자로서 올바른 삶을 궁구했다.

"네가 나보다 더 착하게 살아가는 것을 보면 전도하지 못하겠다."
이런 말을 하고부터는 전도한다는 말은 입 밖에 내지도 않았다.

본인들 의사와는 상관없이 늦게 종교와 인연을 맺은 동생도 있다. 동생 둘은 대학을 졸업하고 직장에서, 여동생은 결혼을 하고 남편을 따라서 교회에 나가게 되었다. 기독교재단인 학교에서 교수로 임용될 때 교회에 나가는 조건이었다던 남동생도 이젠 매주 일요일이면 교회에서 예배를 보고 있다.

셋째동생은 남편이 어린 시절부터 교회를 다녔으며 장로로 활발한 활동을 하고 있다. 공직에서 퇴직 후 목사 안수까지 받고 복지관에서 할머니, 할아버지들을 위한 기도와 상담을 해주고 있다. 그곳 어르신들의 늙은 아이돌이다. 식구들이 일요일마다 교회에서 만나는 행복한 가족이며, 아침마다 아내의 손을 잡고 감사의 기도를 하는 남편 덕분인지 셋째동생은 행복해 보인다.

마지막으로 넷째동생은 천주교 신자인데 남편을 아직도 설득하지 못하고 혼자서 속앓이를 하고 있다.

우리 남매들이 각자 인연 따라 종교를 갖게 된 것은 누구의 강요도 아닌 자연스러운 인연의 결과다. 각자 다른 종교들을 가지고 있지만 상대의 종교를 인정하고 존중하면서 종교 때문에 언성을 높이거나 다투는 일은 없다. 자기가 믿는 종교로 전도하려고도 하지 않고 각자가 믿는 종교에 충실하게 살아가면서 자기 종교가 더 좋다고 뽐내지도 않고 교만하게 행동하지도 않는다.

그래도 제사를 지낼 때는 모두 예를 갖추어 절을 한다. 절에 가면 법도에 맞게 예불에 참석하고, 교회에 가면 교회에 맞는 예배를 드린다. 이러한 모습들이 고맙기도 하고 아름답기도 하다. 남을 배려한다는 것은 나를 낮추는 것이 아니라 나와 똑같이 상대를 귀하게 생각하는 것이다. 양보하면 손해라고 생각하는 사람들이 많지만 양보는 손해가 아니라 다름을 인정하고 배려하는 마음이다. 오남매들은 각자의 마음속에 다름을 인정하는 배려와 존중이라는 보배나무 한 그루씩 키우고 있다.

박 여사

 식탁에 마주앉은 남편은 나에서 속았던 것이 두 가지가 있다고 말했다. 첫째는 처음 보았을 때 얌전한 줄 알았고, 둘째는 건강하게 보여 운동을 잘 할 줄 알았다는 것이다. 나한테 속았다는 말에 살짝 심술이 났다. 얌전한 성격은 강한 성격이 되었고, 잘 할 것 같았던 운동은 숨 쉬는 운동만 하게 된 거라고, 진담 반 농담 반 한마디를 하고서 덧붙였다.
 "박 여사를 만나지 않았으면 연한 배 같은 여자일 텐데."
 "그럼 우리 만나지 못했을 텐데?"
 남편이 큰 소리로 웃었다.
 시어머니의 이웃에 살던 언니 동창의 중매로 남편을 만났으니 시어머니와 언니 동창생이 중매쟁이인 셈이다.
 나는 대체로 긍정적이고 일을 만들어서 하는 편이다. 어릴 때부터 얌전한 언니는 신발을 한 켤레 신을 때 나는 두 켤레를 신는다는 말을 할머니로부터 듣고 자랐다. 나는 호기심도 많았고 건강했다. 추삼월 논에서 올챙이도 잡고 잔설이 남아있는 양지바른 과수원 언덕에서 냉이도 캤다. 언니는 공부하는 것을 좋아해서 책상에 앉아있는 시간이 많았다. 언제나 우등상을 받았고 교육대학에 진학하여 선생님이 되었다. 나는 공부보다 노는 것을 더 좋아했다.

만약 내가 박 여사를 만나지 않았다면 지금은 어떤 성격이 되어 있을까를 가끔 생각해본다. 남편의 말도 틀린 말은 아닌 것 같다. 잊어버리고 싶은 세월이 너무 길었다.

내가 박 여사를 처음 만난 것은 1977년 10월 끝자락의 어느 날 어스름한 저녁나절이었다. 퇴근 후 찾아간 곳은 수유리에 있는 커다란 이층 양옥집이었다. 꽃무늬 홈드레스를 입고 약간 거만한 표정으로 거실의 초록색 가죽 소파에 깊숙이 앉아 있었던 박 여사는 화장기 없는 얼굴이 나이보다 더 들어 보였다.

그렇게 첫 대면한 박 여사는 이후 내 인생에 깊숙이 들어와 가슴에 수없이 많은 생채기를 내고 눈물을 흘리게 하였다. 우리는 42년을 같이 울고 웃으며 쇠심줄보다 더 질긴 인연을 이어왔다. 나를 낳아주신 친정어머니보다 더 오랫동안 어머니라고 부르면서 살아온 그분이 나의 시어머님이시다.

첫 대면을 하고 한 달 후 결혼을 하면서 나는 자연스럽게 시부모님과 같이 살게 되었다. 장남이기 때문에 당연히 부모님을 모시고 살아야 된다는 생각을 했다. 나만 잘하면 될 것 같았고, 친정어머니가 할머니와 사이가 좋은 것을 보고 자랐기에 잘 지낼 수 있다는 믿음은 확고했다. 그러나 내 생각이 얼마나 세상물정을 모르고 순진하며 무모했는가를 얼마 뒤에 알게 되었다.

어머니들이 그렇듯 박 여사는 유난히 큰아들과 같이 살아야 된다는 생각이 강했다. 분가한다는 것은 상상도 못했을 것 같다. 시어머니는 며느리에게 아들의 사랑이 옮겨간 것에 화를 내는 것 같았다. 남편은 그럴 때마다 철저한 방관자가 되었다. 어설프게 행동했다면 일은 더 커졌을 것이다. 박 여사의 아들(남편)은 누구보다 어머니의 성격을 잘 알고 있어서 철저하게 모른 척했다. 그럴 때마다 나는 야속하기도 했고 비겁하게도 보였지만 속 깊은 사람이라 내색을 하지 않는 것이려니 생각을 돌리느라 노력하였다.

시집살이란 사람마다 느끼는 감정이 다르겠지만 배려심의 차이라고 생각한다. 어른으로서 어설픈 새댁을 지켜봐주고 다독여주지 못한 기다림의 부족이 원인이었고 며느리로선 역지사지의 입장에서 상대를 바라보지 못한 이해의 부족이 원인이었다. 각기 자기 입장에서만 보았기 때문에 일어나는 충돌이었다고 할까.

아무리 세월이 변한다고 해도 세대 간의 차이를 극복할 수는 없다. 시어머니가 살아온 세월은 먹고 사는 생존 중심의 삶이었고, 누구나 고생한 세월이었다는 잘 안다. 시어머니는 아들이 눈치 없이 며느리와 사이가 좋은 것도 싫었고, 맏며느리가 딸 둘을 낳은 것도 싫었을 것 같다. 배운 며느리가 당신을 무시할 것 같은 마음도 있었을지 모른다.

며느리는 곰보다 여우가 더 좋고 같이 사는 며느리보다 가끔 만나는 며느리가 더 좋은 법이다. 나의 솔직한 성격도 싫어하신 것 같다. 생각해보면 시어머니와 나는 맞지 않은 점이 많았다. 뭐든 너무 아끼는 시어머니와 있으면 뭐든 남 퍼주기를 좋아하는 나는 달라도 너무 달랐다. 타고난 성격도 있었지만 자라온 환경의 영향이 컸을 것이다.

그날은 더 이상 시간을 지체하면 안 될 것 같아 병원에 가려고 서둘렀다. 전날부터 간헐적으로 진통이 오기 시작했다. 모두 출근을 하고 집에는 시어머니와 둘만 남았다. 시어머니께 조심스럽게 말씀드렸다. 같이 병원에 가기 위하여 큰길에서 택시를 기다리는데 박 여사는 어느새 버스에 올라타서 나를 돌아보며 빨리 타라고 소리를 쳤다. 진통이 오는 배를 안고 시어머니를 따라 버스에 타고서 50여 분을 달려 대학병원 앞에 도착했다. 버스에서 내려 비탈길을 걸어서 올라갔다. 박 여사는 앞장서서 걸어가고 나는 아픈 배를 안고 뒤따라 걸었다. 분만실에 들어가 2시간 만에 첫째 딸아이를 낳았다.

마흔여섯인 딸아이는 하마터면 버스에서 태어날 뻔했다. 그랬다면 버스회사에서 미역을 선물로 받았을 텐데, 이젠 그런 농담도 하지만 사실 웃고 싶어도 웃을 수 없는 사건이었다. 생각만 해도 아쓸하고 그때 내 모습을 떠올리면 서글픔이 밀려온다. 나로선 영원히 잊지 못하는 가슴 아픈 일이다.

박 여사는 남을 배려하지 않는 성격이었다. 박 여사와의 만남으로 나는 살아남기 위하여 강해질 수밖에 없었다. 시어머니한테서 받은 것도 많은데 왜 그때 그 일만은 잊혀지지 않는지 나도 답답하다. 나에게는 충격이었고 내가 가장 힘들 때 내 가슴에 상처를 주었기 때문인 것 같다. 시간이 좀 더 흐른 후 내가 기억이 흐릿해지면 웃으면서 얘기할 수 있을까.

나에게 남겨진 트라우마 때문에 딸들은 인자하고 너그러운 시어머니를 만나게 해달라고 많은 기도를 했다. 나는 비록 시어머니의 모진 시집살이는 견딜 수 있었지만 내 딸들이 시집살이를 한다면 못 견딜 것 같았다. 내 기도를 들었는지 두 딸 모두 인자한 시어머니를 만났다. 나도 좋은 시어머니가 되겠다고 수없이 다짐했다. 며느리에게는 어떤 상처도 주지 말고 끝까지 좋은 사이로 가고 싶다.

시어머니는 치매가 와서 정신줄을 놓을 때까지 맏며느리에게 자존심을 세웠다. 그랬던 시어머니가 완전히 정신줄을 놓고서 거의 7년 동안 순한 양이 되어서 내 간호를 받고 마지막 내 손을 잡고 운명하셨다.

사람과 사람은 좋은 인연으로도 만나고 나쁜 인연으로도 만난다. 박 여사와 내가 만일 나쁜 인연으로 만난 거였다면 다음 생에는 제발 좋은 인연으로 만나기를 빌어본다. 그래도 시어머니와 며느리라는 관계로는 절대 만나고 싶지 않다.

어머니! 부디 편안한 마음으로 좋은 곳에 태어나세요.

화려했던 시간이 머무는 곳

아버지가 운영하던 극장을 둘러본다. 박제된 공룡처럼 볼품없고 초라한 모습이다. 빛바랜 외벽과 그 위에 난잡한 간판들이 화려했던 시절을 아스라히 되비추고 있다.

몇 년 전 강릉에서 발간되는 『솔향 강릉』이라는 책자에 아버지가 운영하던 극장에 대하여 자세하게 쓰여 있었다. 그중 일부를 인용해본다.

동아극장은 1961년 10월 1일 개관하였다. 첫 상영작품은 〈이별의 부산 정거장〉이었다고 한다. 이 영화에 나오는 최무룡과 김지미를 보려고 극장 앞은 인산인해를 이루었다. 그 당시 극장은 거친 삶을 어루만져주는 또 다른 천국이었다. 주문진의 극장을 말할 때 최수영 선생을 빼놓을 수 없다. 동아극장 창업자인 최 선생은 이후 맘보극장을 인수했다가 나중에 신일극장까지 설립한 주문진 극장의 산증인이다. 이후 30여 년을 운영하다가 텔레비전이 보급되고 인구가 줄어들면서 극장은 사향산업이 되었다. 마지막 극장이 폐관

될 때 지방 뉴스에도 방영이 되었다. 도시의 문화 공간이 문을 닫자 옛날을 그리워하는 사람들은 몹시 아쉬워했다

그 시절은 가난해도 행복한 시절이었다. 낮에는 생활전선에서 모두 열심히 일하고 저녁이면 영화관으로 몰려들었다. 전국 각지에서 배를 타고 오는 선원항구 도시인 주문진항은 50년 말 고깃배의 만선으로 흥청거리는 도시였다. 전국 각지에서 오징어 배가 몰려오고 돈이 모이면서 사람들이 모여들고 술집들이 저녁이면 불야성을 이루었다. 극장에서는 한 프로를 3일씩 상영했다. 비바람이 불이 배가 나가지 못하는 날이면 영화 내용과 상관없이 우르르 극장으로 몰려 들어서 주문진 사람들이 다 모인 것처럼 극장이 북적거렸다. 극장이 생기기 전에는 악극단이 자주 와서 공연을 했는데 영화관이 생기자 사람들은 온통 영화 이야기로 새로운 세상이 열리는 것 같았다. 시골에서도 낮에 일을 하고 저녁이면 한 시간을 걸어서 영화를 보려고 읍내로 몰려들었다.

1964년 9월 19일에 신일극장을 또 개관했다. 시설도 현대식이고 화면도 컸다고 한다. 1층 홀에서 2층으로 올라가는 나선형 계단이 특징이었다. 신일극장의 개관 기념작은 월탄 박종하 원작 〈아랑의 정조〉였다. 백제 개로왕이 목수의 아내 아랑을 빼앗으려고 온갖 유혹과 횡포를 자행하지만 아랑은 끝내 정조를 지키다가 죽는다는 내용이다.

이 영화 역시 엄앵란, 장동휘, 김진규, 허장강 등 당대 최고의 인기 배우들이 출연한 영화로 사람들을 웃기고 울리고 하였다. 첫 상영작이라 극장 대표가 충무로에 있는 영화사를 돌면서 고르고 고른 작품이었다고 한다. 신일

극장의 최고 흥행작은 1968년에 개봉한 〈미워도 다시 한 번〉이란 영화다. 이 영화는 60년대 최고의 흥행작이었다고 한다. 서울 국도극장에서만 서울 인구 10프로가 그 영화를 보았다고 한다.

아버지는 직원 한 명을 서울 충무로에 상주시키면서 인기 있는 영화를 골라서 보내도록 했다. 회전이 빠르니 볼거리도 많았다. 학교에서도 단체관람을 자주 하고 또 학교 행사나 읍내 행사는 대부분 극장에서 치러졌다. 그때 단체 관람한 영화로는 〈벤허〉, 〈닥터 지바고〉 같은 명화가 있었다. 당시 나는 어디를 가든 극장 집 딸로 통했다.
70년 후반 컬러 TV가 본격적으로 보급되면서 극장은 내리막길로 접어들었고 아버지는 다른 사람에게 극장 경영을 위탁했지만 얼마 못 가 문을 닫고 말았다. 번성하던 영화는 한여름 밤의 꿈처럼 사라졌다.
극장 간판을 내리자 신일극장은 예식장으로 업종을 바꾸었다. 동아극장은 나이트클럽과 노래방, 여러 상점으로 변신했다. 그리고 영화만큼 드라마틱했던 아버지의 극장은 역사의 뒤안길로 사라졌다.

아버지는 몇 개월 남겨 놓은 100세까지 사셨지만 냉분과 사명감을 갖고 시대를 앞서 갔던 분이었다. 부자라는 소리를 평생 듣고 살았지만 자가용을 가져본 적도 없이 검소하게 살다 가신 선각자였다. 챙겨주고 도와줄 사람이 많아서 정작 당신은 챙기지 못했다. 아침마다 깨알 같은 신문을 정독하면서 늘 반 토막 난 대한민국을 걱정하셨다. 70여 년이 흘렀는데도 전쟁 때 잡혀갔던 기억이 트라우마로 남아 아버지는 전쟁에 대한 두려움을 갖고 있었다. 젊은이들의 앞날도 걱정했다. 조상님 즉 효가 종교였고 고향이 종교였던 아버지는 항상 고향에다 한쪽 발을 단단히 딛고서 살다가신 분이다.

난 아직도 날고 싶다

 가슴 속 깊은 곳에 꺼지지 않은 불씨 하나가 남아 있다. 날지도 못하면서 언젠가는 날아오를 것 같은 간절한 마음이 있었다. 날아오를 기회는 있었지만 망설이며 용기를 내지 못하고 제 자리에서 종종거리기만 했다. 그 작은 불씨를 꺼낼 힘도 없으면서 바라다본 세월도 수 십 년이 흘렀다. 귀중한 보물단지를 아무도 모르게 묻어 놓은 것 같은 심정이었다. 가끔은 그 보물단지를 확인하기 위하여 창고 문을 열어본다. 내 어깨에 날개를 달아볼까 하는 부질없는 망상이다.
 1969년의 봄, 나에게는 희망이 없었다. 대학 입시 실패 후 교사인 언니와 학생인 남동생이 자취하는 강릉 시내로 가서 밥을 해주고 있었다 나의 장래에 대해 관심을 갖는 사람은 누구도 없었다. 내 인생에서 가장 암울한 시기였음에도 나에겐 도전할 용기도 없었다. 그 당시 지방에서 아주 뛰어나지 않으면 서울에 있는 H대학 진학은 꿈도 꿀 수 없다는 것도 알지 못했다. 학원에 다녀본 적도 없었고, 교수 레슨도 없이 학교에서만 그림을 그렸던 내 실력은 우물 안 개구리에 불과했다.

나는 시간이 많아지면서 자신이 한심해졌다. 여름이 지나자 비참한 생각을 안고 책방을 기웃거리기 시작했다. 내 운명이 바뀌려고 그랬는지 자취하는 집 뒤에 시립도서관이 들어섰다. 덕분에 하루 종일 도서관에서 책도 보고 공부도 하면서 시간을 보낼 수 있었다.

그해 여름, 오빠 내외가 고향집으로 휴가를 왔다. 나는 열한 살이나 많은 오빠의 방 미닫이문을 밀고 들어갔다. 흐릿한 남포불이 켜진 방안에서 기어들어가는 목소리로 말했다.

"나, 서울 가서 학원 다니고 싶어. 그렇게 되면 오빠 집에 있어야 되는데 오빠는 어떻게 생각해?"

"뭐 학원 다니고 싶다고, 아버지께 말씀드렸어?"

머뭇거리는 나에게 오빠는 책임질 수 없다고 했다. 올케의 눈치도 보는 것 같았다. 나의 꿈은 산산조각나면서 허공으로 흩어졌다. 현기증이 났다. 오빠는 아무런 답도 주지 않고 서울로 올라가버렸다.

문제집을 사서 혼자 공부를 했다. 이대로 주저앉을 수는 없었다. 앞날이 보이지 않았지만 오기로써 희망을 부여잡았다. 여건상 그림은 그릴 계제가 아니었다. 학원도 없었고 학교 미술실이 아니면 그림을 그릴 장소조차 없었다.

그렇게 6개월이 흐른 다음해 1월, 서울에 있는 호텔에 취직이 되었다고 연락이 왔다. 칼바람이 부는 한겨울 서울로 올라온 나는 오빠와 취직이 되었다는 곳으로 가기 위해 안국동 사거리에서 택시를 기다리고 있었다. 그 순간 갑자기 내 머릿속에서 이건 아니라고 소리치고 있었다. 차를 기다리는 오빠에게 다가갔다.

"오빠, 나 시험 한 번만 다시 보고 싶어. 떨어지면 취직하도록 할게."

"그래, 그럼 그렇게 해라."

너무 쉽게 대답하는 오빠를 남겨 놓고 뒤도 돌아보지 않고 버스를 타고 오빠 집으로 향했다. 오빠는 어쩌면 시험공부를 하지 않았으니 떨어질 것은 자명하리라 생각하였을지 모른다. 나의 운명이 바뀌는 순간이었다.

다음날 용감하게 친구 오빠가 재직하는 광화문의 서울미술입시학원을 찾아갔다. 학원이라는 곳에 생전 처음 등록을 했다. 갓 시골에서 올라온 촌뜨기인 나는 주눅이 들어서 매일 구석 자리에 앉아 다른 아이들이 그리는 그림을 감상하기도 바빴다. 차츰 분위기에 익숙해지면서 다른 학생들의 그림이 눈에 들어왔다. 내 그림과 별 차이가 없다는 생각이 들었다. 자신감이 생기자 하루에 12시간씩 그림에 몰입했다. 내 인생에 마지막 기회란 생각으로 어깨에 불이 날 정도로 그림을 그렸다. 입시는 한 달도 남지 않았다.

1차는 지난번과 마찬가지로 홍익대에 원서를 냈지만 역시 낙방이었다. 그대로 주저앉을 수는 없었다. 이번에 떨어지면 영영 대학 문턱도 밟아보지 못할 것 같았다. 2차 대학에 원서를 냈다. 합격은 하였지만 1차에 실패한 학생들이 모인 대학이라 그런지 학생들의 자존감이 많이 무너진 듯 보였다. 나는 그리고 싶은 그림을 맘껏 그릴 수 있는 것만으로 충분히 위안이 되었다. 전국 각지에서 모인 친구들은 두 부류로 나뉘었다. 그림을 포기하고 적당히 다니면서 졸업장이나 받으려는 부류와 비록 1차 대학 입시 실패는 했지만 좌절하지 않고 더 열심히 하는 부류가 있었다.

나는 후자에 속했다. 융통성 없이 4년 동안 열심히 그림만 그렸다. 학회장과 대학신문 만평을 그리기도 했다. 어느 날 조선일보에 각 대학 만평을 그리는 학생들의 사진과 인터뷰가 보도되었다. 며칠 후부터 교문 경비실에 편지가 뭉치로 날아드는 웃지 못 할 일들이 일어나기도 했다. 다행인 것은 교수진이 좋았다. 우리나라 염색과 직조의 선구자면서 1인자인 이신자 교수님 밑에서 수업을 받았고 교수님의 열성적인 지도로 타 대학을 능가하는 실력을 갖추게 되었다. 대학원 진학 후 교수님 밑에서 조교로 남았다. 한때는 대기업 디자이너로 재직하면서 높이 날아갈 기회도 있었지만 용기 부족으로 우물 안 개구리가 되고 말았다.

지금도 50년 전에 사용하였던 붓이랑 염색할 때 쓰던 염료를 창고 안에 보물처럼 간직하고 있다.

봄날의 새싹에서 가을날의 황금빛 알곡으로 변한 나를 돌아본다. 어느 순간에도 꿈을 놓아본 적은 없었다. 산다는 건 꿈을 꾸는 일이었다. 이제 나는 혼자 남아서, 나를 오늘에 이를 수 있게 해주었던 소중한 인연들을 차마 잊지 못하여 기록으로 남기고자 한다. 그 또한 꿈꾸는 일이다. 난 아직도 날고 싶다.

두 개의 이름으로 사는 여자

 산책로에 애기똥풀이 무더기로 피어있다. 애기똥풀은 가지 끝에서 산형꽃차례를 이루며 노란색으로 핀다. 꽃잎은 날개깃처럼 갈라져 있다. 이 앙증맞은 꽃에 이런 짓궂은 이름을 붙여준 사람은 누굴까. 어울리는 이름도 많을 법한데 하필 애기똥풀이라고 했을까.
 애기똥풀은 5월에서 8월까지 마을 근처의 길가나 풀밭에 지천으로 피어나는 양귀비과에 속하는 두해살이 풀이다. 줄기나 잎을 자르면 황색 진액이 나오는데 그 때문에 애기똥풀이라고 불렸는지도 모르겠다.
 할아버지처럼 고민도 하지 않고 지은 이름은 아닐 것이다. 동물이든 식물이든 각각의 특징이 나타내는 고유한 이름을 갖고 있다. 일단 이름이 지어지면 사람들은 자연스럽게 받아들인다. 누가 이름을 붙인 것인지 왜 그 이름이 붙었는지 알 필요를 느끼지 않고 그냥 따라서 부르는 것이다. 그게 최초의 이름이 영구적으로 불리는 까닭이다.

애기똥풀처럼 예쁜 꽃을 왜 아기의 변과 대입시켰느냐고 따지고 드는 이는 못 봤다. 나는 왜 애기똥풀을 통해 친정할아버지를 떠올렸을까? 우리 자매들 이름은 다 할아버지가 지어주셨다. 60년 전에 돌아가신 할아버지는 손녀들 이름을 장난스럽게 지었다.

종가집 10대 장손이었던 할아버지는 사랑방에서 늘 책을 읽었고 가끔 혼자서 마작을 두고 계셨다. 자르르 윤이 나는 마작돌 부딪치는 소리가 안방까지 들렸다. 동네에서 결혼 택일이나 의논할 일이 있으면 사랑채로 사람들이 찾아와서 할아버지께 자문을 구하였다.

할아버지는 장손으로서 손주를 바랐던 분이다. 종가는 딸보다 아들이 많아야 된다고 생각했을 것이다. 그러다가 손녀딸이 태어나면 반갑지 않았을 건 당연하다. 손녀들 이름 끝자에 아들 자(子) 아니면 사내 남(男)을 붙였다. 12대 장손인 오빠에겐 항렬에 맞는 돌림자를 넣어 이름을 지어주었다. 두 번째도 손주를 바랐는데 어머니가 딸을 낳자 실망하여 정월달에 태어났다고 바를 정(正) 자와 아들 자(子)를 붙여 정자(正子)라고 지었다. 둘째인 나도 정월에 태어나서 정남(正男), 셋째는 윤달에 태어났다고 윤남(閏男), 넷째는 이월에 태어나서 이남으로 지었다. 사촌들도 예외는 아니었다. 할아버지가 손녀딸들의 이름을 통해 간절히 기원한 덕인지 내 밑으로 두살 터울 남자 동생이 태어났다. 나는 남자 아우를 본 공덕으로 할아버지의 귀여움을 받았다고 한다.

바를 정(正)과 사내 남(男)이 들어가서 그랬던지 나는 어릴 때부터 사내아이처럼 씩씩하고 활동적이었다. 초등학교 때는 책상에 앉아본 기억이 없다. 학교에 갔다 오면 책가방은 방에 던져 놓고 어두워질 때까지 개울가에서 놀거나 은행나무 밑에서 고무줄놀이며 공기놀이를 하면서 고삐 풀린 망아지처럼 돌아다녔다. 그런 나를 보면서 할아버지와 할머니는 계집아이로 태어난 것을 몹시 아쉬워했다. 물론 타고난 성격도 있겠지만 지금 와서 생각하면 이름이 영향을 미친 것 아닌가 싶다. 남자 같은 이름인 정남으로 16년을 살았다.

고등학교에 들어가자 아버지는 서울에서 유명하다는 작명가를 찾아가서 네 딸의 이름을 다시 지어왔다. 아버지도 굴비 엮어 놓은 것 같은 딸들의 이름이 마음에 들지 않았던가 보다. 아버지의 결단으로 우리 자매들은 비로소 현대적인 이름을 갖게 되었다. 법원에서 개명 절차까지 거쳐 완벽하게 남자 이름에서 여자 이름으로 탈바꿈해버렸다. 아직도 고향 친구나 초중학교 동창들은 나를 개명하기 전의 이름인 정남으로 부른다. 그래서 고향에 경조사라도 생기면 나는 봉투에 두 개의 이름을 쓴다.

이름은 나를 표현하는 도구다. 그 이름 때문인지 몰라도 중학교까지는 씩씩한 사내아이처럼 행동했던 나는 여자고등학교에 진학하고부터 얌전해져서 조신하다는 말을 많이 들었다. 사춘기를 거치면서 아버지의 영향 탓도 있었겠지만 나는 집과 학교만 오가는 모범생이 되었다.

고향 친구들은 두 성향의 나를 보았을 것이다. 초등학교 친구들은 나를 O형으로 보고 고등학교 친구들은 나를 A형으로 본다. 대학에 진학하자 성격은 O형, 그림을 그릴 때는 A형으로 보인다는 소리 듣곤 했다.

  요즘 최고의 인기를 누리는 트롯가수가 자기이름에 대하여 한 말이 있다. 아버지가 지어준 영웅이란 이름 때문에 항상 영웅이 되어서 좋은 일을 많이 해야 할 것 같은 마음을 가졌다는 것이다. 영웅이 되어야 한다는 마음으로 살았다면, 어려운 환경 속에서도 이겨낼 수 있는 힘을 이름이 키워준 것이 아닌가. 대단히 공감이 간다. 이름이 지니는 힘은 대단하다.

  부모한테서 항상 긍정적인 말을 많이 듣고 자란 아이들은 자신감이 있고 도전 정신도 생긴다고 한다. '말이 씨가 된다고 어른들은 말을 조심시켰다. 긍정적인 말은 긍정의 기를 만들고 부정적인 말은 부정적인 기가 만들어진다. 좋은 이름도 매일 불러주면 좋은 일들이 많이 생길 것 같다.

  내 안에는 두 개의 이름처럼 씩씩한 면과 조신한 면, 두 개의 성품이 있다. 사람들이 나를 잘 모른다 해도 나는 그다지 실망하지 않는다. 바를 정 사내 남의 강렬한 전진의 힘과 조신하고 성실한 열매의 힘이 내 안에는 내장되어 있으니까.

십장생 병풍-(320x106cm) silk에 염색 작가 최윤실

5부

행복나무

행복나무

삼월 봄볕이 참 따뜻하다. 입춘이 지난 햇살에선 상큼한 봄 냄새가 난다. 창가에 앉아 한가하게 봄볕을 즐기고 있는데 베란다에 놓여 있는 화초들이 눈에 들어왔다. 군자란도 꽃대가 올라와서 주황색 꽃망울이 금방 터질 듯 부풀었다. 그 옆에 사시사철 푸른 잎을 가지고 있는 관음죽도 연록 기운이 살펴시 피어오르고 있다. 관음죽은 대나무를 닮았지만 잎이 크고 넓적하며 마디게 자라는 편이라 실내용으로 사랑받는 식물이다. 이 나무가 우리 집에 온 지도 40년이 넘었다. 결코 짧은 세월이 아니다. 그동안 여섯 번 이사를 했고 화분갈이할 때 다른 화분에 촉을 나눠 심어서 다른 집으로 분양한 것도 셀 수 없이 많다. 관음죽은 아들과 같이 나에게 행복을 가지고 온 행복나무다.

결혼하고 딸 둘을 낳자 시어른들은 조바심을 냈다. 쌍둥이인 아래 시동생이 먼저 아들을 낳았다. 시어머니는 더욱 조급증을 냈다. 감정을 숨기지 못하는 어머니의 조바심은 나에게 슬픔을 안겨주었다. 시어머니와의 관계가 불편해지자 이런 상황을 지켜보던 시아버님은 시어머니와 의논도 없이 우리의 분가를 결정하셨다. 오후에 외출한 시아버님이 집으로 전화를 했다.

"지금 압구정동으로 나와라."

영문도 모른 채 둘째딸을 업고 시아버님이 기다리는 곳으로 나갔다. 부동산 사무실이었다. 그날 부동산에서 추천한 아파트를 계약하였다. 압구정동 한양 아파트 7동 401호. 처음으로 가져본 나의 집이다. 집으로 돌아오신 시아버님의 말씀을 들은 시어머니는 폭발하고 말았다. 이런 것이 시집살이구나 생각했나. 대번에 나는 아들을 빼앗아간 못된 며느리가 되었다. 어머니는 평생 아들과 같이 살고 싶은 마음이었다. 그런데 분가를 한다니까 억울하고 분하다며 매일매일 울부짖듯 며느리 탓을 하였다. 식구들은 어머니의 불같은 성격을 꺾을 수가 없었다. 남편과 시아버님은 철저한 방관자였다.

이삿짐은 많지가 않았다. 결혼할 때 가져온 것만 싣고 육년 동안 살았던 시댁에서 환영받지 못하는 분가를 했다. 남편은 이삿날에도 남의 집 이사하는 것처럼 평상시와 같이 출근했다. 아침 일찍 달려온 동서들은 안방에 누워있는 시어머니를 위로하느라고 애를 먹었다. 전쟁이 따로 없었다. 나는 영락없이 전쟁에 패한 쓸쓸한 패잔병이었다. 육년 동안 나름대로 열심히 살았는데 그 시간과 노력은 물거품이 되었다. 두 딸과 대문을 나서자 시아버님이 따라나섰다.

밤 늦은 시간 이사한 집으로 온 남편은 먼저 어머니 집으로 갔었다고 했다. 금방 노여움이 사라지지 않겠지만 아들로서 불효했다는 자책으로 갔지만, 안에 들어가지도 못하고 문전박대를 받았다고 했다. 지쳐서 금방 쓰러질 것 같은 모습으로 이사한 집으로 들어선 남편은 아무 말이 없었다. 그렇다고 나를 원망하는 것도 아니었다.

답답하고 서글픈 마음과는 다르게 살고 있는 아파트에서는 성수대교와 시원한 한강이 보여 만족스러웠다. 날마다 어머니와의 불편한 관계가 온통 머릿속을 헤집었다. 부모 자식 간에 불목(不睦)하고 싶지는 않았다. 나는 아이들을 데리고 삼일마다 시댁을 찾아갔다. 시어머니한테 어떤 수모를 받아도 참기로 했다. 이런 일을 치르면서 단 한 번도 친정을 찾지 않았다. 나의 괴로움이 친정부모님의 괴로움으로 번질 것 같아서다. 친정부모님을 걱정시키고 싶지 않았다. 친정이 멀리 있어 다행이었다. 시아버님은 나를 믿어주었고 남편은 이편도 저편도 들지 않고 철저히 침묵을 지켰다.

나는 아들을 꼭 낳고 말겠다는 오기가 발동했다. 새해가 되자 나의 간절한 마음이 통했는지 꿈속에서 삼신할머니가 한강 물을 바가지에 떠주면서 마시라고 했다. '이번은 아들을 낳게 해주겠다'는 환청 같은 소리를 듣고 열 달 후에 아들을 낳았다. 나는 세상을 다 얻은 것 같았다. 힘든 줄도 몰랐다. 너무 좋아서 태어난 아기를 보느라고 밤에 잠도 잘 수가 없었다. 처음부터 아들을 낳았으면 끝까지 시어머니와 관계가 좋아서 분가도 하지 않았을까 하는 생각도 종종 해본다. 40년이란 세월이 지났지만 나에게는 영원히 가슴 아픈 일이다.

관음죽은 아들이 태어나자 축하 화분으로 들어온 것이다. 많은 분들이 자기 일인 양 좋아하고 축하해주었다. 장손이 태어났다고 기뻐하시던 시아버님의 모습은 눈물겨울 지경이었다. 물론 시어머님과의 관계도 서서히 풀리기 시작했다.

시아버님은 수요일마다 아기를 보려고 아파트로 오셨다. 아들은 나에게도 가정에도 평화를 가져온 천사였다. 아들이나 딸이나 똑같은 자식인데 그 시절엔 장자가 아들이 없으면 대가 끊어진다고 생각했고, 조상님 제사도 못 지내는 불효자로 낙인이 찍히는 시대였다. 시어른들도 우리 부부도 밀린 숙제를 한 것처럼 홀가분한 마음이었다.

그 시대엔 둘만 낳아 잘 기르자는 캠페인이 정부 정책이었다. 셋째 아이는 의료혜택도 없었다. 매주마다 오시는 시아버님의 간절한 마음에 불효를 하는 것 같아서 우리 가족은 분가를 한 5년 후에 시부모님이 살고 있는 같은 아파트로 이사를 했다.

4월에 이사를 했고 7개월 후, 늦가을과 초겨울의 경계인 십일월 말에 시아버님은 뇌출혈로 운명하셨다. 향년 63세였다. 새벽 한 시에 우리 부부는 시아버님의 임종을 지켜드렸다. 간절하게 손주를 기다린 것도 우리와 일찍 작별할 것을 예감했기 때문일까. 얼마나 좋았으면 매주일마다 우리 집을 방문하셨을까. 요즘도 시아버님 생각을 하면 끝까지 나를 맏며느리라고 믿어주셨던 고마움이 사무친다. 관음죽을 볼 때마다 장년이 된 아들 생각을 한다. 사철 푸른 잎으로 있는 관음죽은 우리 가정에 평화를 가지고 온 행복나무다.

아들

　전생에 갚지 못한 빚을 받으려고 자식으로 태어난다고 한다. 부모들은 자식들 때문에 기뻐하고 슬퍼한다. 멀리 있는 자식은 눈에 보이지 않아서 걱정이고 옆에 있는 자식은 너무 잘 보여서 걱정이다. 부모들은 생이 끝나는 순간까지 자식 걱정이다.
　맏며느리인 내가 딸 둘을 낳자 충청도 분이신 시부모님은 초조하고 간절하게 손자가 태어나길 바랐다. 그 간절함이 내겐 압박이었다. 시어머니는 경기도 광주의 어떤 절에 가서 기도를 하면 아들을 낳는다는 소문을 듣고 와서 나에게 거기 가서 기도하기를 강권했다. 나는 어머니가 시키는 대로 마장동에서 시외버스를 타고 광주에 있는 산속 절을 찾아갔다. 무서움도 없이 혼자서 한 시간을 걸어서 산속을 다니곤 했던 그 절 이름은 기억도 나지 않는다. 아침에 집을 나서서 절에 가서 기도를 하고 노을이 지면 집으로 돌아왔다. 저녁노을은 너무도 아름다웠지만 마음속은 늘 허전했다.
　아들을 꼭 낳고 말겠다는 오기가 생겼다. 시어머니가 시키는 대로 하는 것이 효도인 줄 알았는데 점점 내가 하는 기도 방법에 회의가 들기 시작했다. 불교란 무엇인가에 대한 공부를 해야겠다고 생각했다. 통도사 서울 포교당인 구룡사를 찾았다.

기도는 마음에 일어나는 바람을 잠재우면서 살아가는 길에 밝은 등불이 되었다. 마음을 비우니 세상 돌아가는 순리가 보이는 것도 같았다. 모든 것을 자연의 순리에 맞추면서 살기로 마음먹고 욕심을 버리고 기도를 시작했다. 기도의 결과인지 진실한 마음이 통했는지 아들을 얻을 수가 있었다. 아들을 낳아서 세상을 다 얻은 것 같았고 가슴 속은 기쁨으로 항상 충만되었다.

아들을 올바르게 키워야겠다는 생각뿐이었다. 걱정도 되고 겁도 났지만 겉으로는 초연한 척 행동했다. 아들이 초등학교 5학년 때 겨울방학 기간 중 국토순례라는 프로그램이 있었다. 1월 1일부터 1월 20일까지 우리 국토의 동쪽 끝에서 서쪽 끝까지 걷는 극기 훈련이었다. 동해안 소돌 해수욕장에 있는 초등학교를 출발하여 인천에 있는 맥아더장군 동상 앞까지 걷는 강행군이었다.

한겨울에 얼음을 깨어서 세수를 하고, 초등학교 교실에서 잠을 잤다. 강원도 진고개를 넘고 평창을 거쳐 경기도와 서울을 지나 인천 맥아더 장군 앞까지 걷는 20일 동안의 대장정 마지막 날 인천에서 만난 열한 살 아들의 얼굴은 까맣게 타고 야위었지만 눈동자만은 초롱초롱하였다.

그 행군이 도움이 되었는지 잘 모르겠지만 나는 후회하지 않는다.

어려운 일이 있으면 그때 영하의 날씨에 걸었던 것을 기억해 내지 않을까 생각한다. 어미로서 아들을 왜 고생시키고 싶었겠는가? 넓고 거친 세상을 살아가는 데 혹 도움이 될까 싶어서다. 무엇이든지 혼자서 해결하는 힘을 갖게 해주고 싶었다.

　영국에서 대학을 다닐 때도 나는 엄마로서 잔정을 내보이지 않았다. 어느 날 아들이 웃으면서 하는 말이 어머니가 자기한테 보낸 것은 누나 청첩장 한 장 뿐이라고 했다. 아들 나름의 섭섭한 표현이었을 것이다. 내가 너무 냉정했었나 속으로 후회도 해보았지만, 그 상황이 다시 온다해도 나는 똑같을 것이다. 아들은 영국에서 좋은 성적으로 졸업할 수 있었고 생활 속에 검소함이 몸에 배었다. 어릴 적 극기 훈련이 도움이 된 것 아닌가 한다.

　현재 두바이에 있는 아들은 외국인 회사에서 일하고 있다. 사회에서도 인정받고 또 가정도 예쁘게 잘 꾸려가고 있는 것을 보면서 나의 판단이 옳았다고 생각한다. 귀한 자식일수록 올바른 정신을 가르쳐 주어야 한다는 말은 진리다.

　식물도 물을 너무 많이 주면 뿌리가 썩고, 물을 너무 안 주면 말라 죽는다. 자식도 사랑이 넘치면 나약해지는 건 당연한 자연의 이치다.

별명이 두바이 단군

내가 청년을 만난 것은 2006년 가을이었다. 딸이 다니고 있는 회사 선배라는 청년에 대하여 내가 아는 것은 거의 없었다. 딸도 청년에 대하여 자세한 얘기를 해주진 않았다. 해운회사에서 같이 일하는 선배로 회사에서 인정받는 인재라는 것과 똑똑하다는 것, S대 조선해양공학과 출신이라는 것 정도가 딸을 통해 알게 된 전부였다.

생김새는 어떤지 회사에서 어떤 직급이며 월급이 얼마나 되는지 집안 환경은 어떤지 따위는 나도 물어볼 생각이 없었고 딸도 말하지 않았다. 집에까지 찾아올 정도면 저희끼리는 어느 정도 약속이 되어 있는 것 같았다. 예고도 없이 집으로 찾아온 청년에게 나는 일부러 거리감을 두면서 남의 이야기하듯이 한마디 건넸다. 딸을 염두에 두지 말라는 나의 계산적인 물음이었다.

"좋은 사람 있으면 결혼 해야죠?"

청년은 멋쩍게 웃기만 했다. 나는 딸에게 평소 누누이 말했다. 배우자는 얼굴이나 부모의 재력보다 성격과 능력을 보라고, 현재의 모습보다 장래가 촉망되는지를 생각해서 만나야 한다고. 그런데 갑자기 남자를 집으로 데리고 왔으니 당황스러웠다. 딸은 똑똑해야 한다는 말만 머릿속에 입력이 되었는지, 엄마 말을 너무 잘 들었는지 정말로 다른 것은 염두에 두지 않았던 것 같다. 아이큐153의 멘사 회원에 S대 총학생회장 출신이라고 한다. 세상 물정 모르는 철부지 딸은 청년에게 물었다고 한다. 부모가 집이 없어서 고생한 것도 아닌데 왜 그런 질문을 했는지 모르겠다.

"부모님과 같이 사는 집이 자가예요?"

"예, 부모님 집입니다. 마당도 있어요."

청년은 유머감각도 있어서 딸에게 마당이 있는 집을 강조한 것 같다. 딸은 마당이 있는 집이라면 당연히 정원을 생각하였는데 봉천동 산동네였다고 환하게 웃으면서 이야기했다.

청년의 부모님은 청년이 태어나기 훨씬 전 고향에서 상경하여 창신동과 사당동 산동네에서 오래 살다가 당시 봉천동에 살고 있었다. 아버지는 월남 전쟁에 다녀온 참전 용사로 고엽제 후유증으로 몸이 많이 불편했다. 어머니는 여섯 살 때 6.25 전쟁에서 아버지를 여읜 무남독녀였다. 결혼하고 서울로 올라온 두 분은 많은 고생을 하였다고 한다. 청년은 사남매 중 막내였다. 다섯살 때부터 3년간 누나가 학교에서 돌아올 때까지 오전에는 혼자 집에서 지냈다. 그때 백과사전이랑 형과 누나의 교과서로 집짓기 놀이를 하고 놀았단다. 그러다가 글을 알고부터는 형, 누나의 교과서 읽기, 신문 읽기 등으로 시간을 보냈다고 한다. 부모님은 새벽부터 일터로 나갔고 형제들이 학교에 갈 때 방문을 밖에서 열쇠로 잠갔다. 어느 날은 성냥을 가지고 놀다가 불이 났다. 천만다행으로 큰 사고로 이어지지 않았지만 그 후로 대문을 밖에서 잠그고 나갔다고 한다. 덕분에 마당에서 놀 수 있었다. 요즘처럼 어린이 집이 있었던 것도 아니고, 경제적 여유가 없었던 탓에 고육지책(苦肉之策)으로 밖으로 나가지 못하게 대문을 잠갔던 것이다. 열악한 환경에서 자란 청년은 초등학교는 물론 중학교까지 공부의 중요성을 몰랐다.

고등학교 1학년 때 선생님이 아이큐 점수를 알려주어서 본인이 머리가 좋다는 걸 처음 알게 되었다. 담임 선생님이 머리가 좋은데 성적이 나오지 않자 관심을 갖기 시작했다. 아까운 인재라고 생각하였는지 사랑의 매까지 들었다. 그때부터 하루 4시간만 자면서 공부를 하였다. 전교에서 우수한 성적이 나오면서 S대에 입학하였다. 대학교에서는 연극회에 들어가 탈춤에 빠져서 마당극 극단에서 활동을 하기도 했다. 그리고 역대 서울대 총학생회장은 인문대에서만 나왔는데, 최초로 공대출신 총학생회장이 되었다고 한다.

이 모든 것은 결혼 후에 알게 되었다. 청년의 부모님은 형편은 어려웠지만 부지런하고 정신이 올곧아서 삼남매를 대학에 보냈다. 대신 모두 등록금이 적은 국립대학에 진학시켰다.

사위는 딸과 본격적으로 사귀면서 다니던 회사를 그만두고 영국에 있는 해운회사로 옮겼다. 처음엔 영국으로 가서 한국인이 운영하는 해운회사에 다니다 얼마 지나지 않아 세계적으로 유명한 영국해운 Clarksons 두바이 지점으로 영입되었다. 좋은 머리와 학생회장 출신다운 추진력으로 어디를 가도 인정을 받으며 지도자의 면목을 보였고 세계적인 회사에서도 승승장구하면서 명예와 부를 얻게 되었다.

아무것도 가진 것 없이 빈손으로 출발하여 좋은 머리와 능력으로 이루어낸 것이다. 두바이에서 한국인으로 성공한 본보기가 되었고 10여 명 정도의 한국 후배들을 세계적인 두바이 해운회사로 이직시켜서 두바이의 단군이라 불린다고 한다.

설날과 추석에는 반드시 한국으로 들어와서 부모님과 같이 지내는 요즘에 보기 드문 효자다. 어린 시절 고생한 부모님에게도, 형님과 누님에게도 남다른 애정을 갖고 있다. 무슨 일이든 최선을 다하는 것을 보면서 어른인 나도 배울 점이 많은 청년이라고 생각한다. 이제는 엄마로서 딸에게 너의 안목이 탁월했다고 말해주고 싶다.

미안하다고 되는 게 아니야

딸에게 톡으로 중학교에 나니는 외손자의 상장 사진이 전송되어 왔다. 의외의 소식에 놀라고 흥분했다.

중학교 일학년인 외손자는 우리에게 첫째 손주다. 14년 전 큰딸이 20시간의 진통을 치르고 낳은 아이다. 참을성이 많은 딸의 진통 과정을 옆에서 지켜보면서 친정어미의 마음은 고통 속으로 빠져들어갔다.

여름날 새벽에 태어난 손주는 3.6kg의 건강한 남자 아이였다. 정상 분만이라고 하여 3일 만에 퇴원하고 전문 산후조리원으로 옮겼다. 이틀 후 원장 선생님이 아이가 이상하다고 다른 병원에 가서 사진을 찍어 보라고 권했다. 사진을 찍은 결과 신생아인 손주의 목 밑 쇠골 뼈가 부러져 있었다. 그것도 모르고 안거나 수유를 할 때 자지러지게 울어서 왜 그러나 했었다. 말도 못하는 신생아는 얼마나 아팠을까. 안쓰러움과 안타까움을 말로 표현할 수가 없었다.

출산 병원에 강력하게 항의했다. 처음에는 극구 부정하며 과실을 인정하려 들지 않았다. 대학병원에서 철저히 검사한 다음 차후 뼈가 붙을 때까지 병원에서 책임질 것을 요구했다. 새벽 분만이라 전문가 선생이 없어서 일어난 의료사고였다. 그렇지만 의사들은 인정하지 않고 얼굴조차 보이지 않았다. 우리는 할 수 있는 데까지 최선을 다했다. 결국 우리가 요구하는 것을 들어주기로 합의되었다. 아산병원에서 일주일마다 진료를 받았다. 그리고 뼈가 완전히 붙을 때까지 출산한 병원에서 운영하는 산후조리원으로 들어갔다.

손주는 자라면서 예민하고 어두운 곳을 싫어했다. 뒤집을 때가 되었는데도 바다 거북이처럼 뒤집지 않고 누워만 있고, 기어다닐 때가 되었는데도 기지 않았다. 주위에서 출산할 때 머리를 다친 것이 문제 아닌가 하는 의문을 갖기 시작했다. 쇠골 뼈를 부러뜨렸다면 머리도 다칠 개연성도 있어 보여 예의 주시하며 초조한 시간을 보냈다. 그런데 더욱 기가 막히는 것은 만 3년이 될 때까지 말을 하지 않았다. 전혀 말을 하지 않고 있으니 걱정이 태산 같았다. 친할머니도 외할머니인 나도 속수무책이라 기도에만 의지했다. 딸은 아이를 데리고 서울대학병원에서 뇌 MRI를 찍고, 이비인후과에서 목, 혀, 귀 검사까지 했지만 이상은 발견되지 않았다.

그런 손주에게는 특이한 점이 있었다. 말은 하지 않는데 기억력과 암기력이 뛰어났다. 세 살 때부터 글씨를 깨우치고 구구단도 하루 만에 외우고 한문도 어린이 사전을 통째로 기억하고 있었다. 무엇이든지 보기만 하면 정확하게 기억했다. 음악을 들어도 모두 기억을 하고 있었다. 그때 모 방송 프로그램 중에 〈세상에 이런 일이〉라는 프로가 있었는데 이 아이가 나가야 된다고 주위에서 부추길 정도였다. 소아과 선생님들은 언어 발달이 늦어서 특수치료가 필요하다는 진단을 내렸다. 딸은 아이를 데리고 특수 아이들을 치료하는 곳을 찾아다니면서 마음 고생 몸 고생을 많이 했다. 그 과정에서 딸은 과로로 자연 유산까지 했다.

어느 날 시어른들이 손주가 보고 싶어 교육받는 곳을 찾아갔는데 깅에 아이들과 교육받는 것을 보고 눈물을 흘리면서 돌아섰다는 소식도 들려왔다. 기가 막히고 숨이 막히는 시간이 지나 36개월이 되었다. 아이의 말문이 터졌다. 그러자 막혔던 봇물이 터지듯 순식간에 말을 쏟아내기 시작했다.

자라 보고 놀란 가슴 솥뚜껑 보고 놀란다고, 딸은 손주에 대해서는 항상 겸손하게 말한다. 칭찬하거나 추켜세우는 일이 없다. 보통 아이들과 같다고 해서 우리들은 기대도 하지 않고 잘 건강하게 잘 자라 주기만 바랄 뿐이었다. 그런데 손주는 사위의 직장 관계로 여러 곳으로 옮겨다니며 학교를 다녔다. 제주도에도 있었고, 미국에서도 학교를 다녔지만 흔들림이 없이 진중한 편이다. 가는 곳마다 학과점수는 만점을 받았다고 한다. 심지어 미국에서는 초등학생인데 수학과 과학은 월반하여 중학교 반에서 공부하였다니 믿어지지가 않는다. 벌써 영어원서를 읽고 수학은 정석을 두 번이나 보았다고 한다. 말이 늦다고 그토록 걱정했는데 공부하는 머리는 다른가보다.

아직도 우체국 폴더폰을 쓰고 있는 아이는 대학에 가서 바꾸겠다고 한다. 친구한테 놀림거리가 될까 걱정했더니 전혀 개의치 않는다.

 매년 실시하는 학교 행사 중 전교생을 대상으로 학교폭력에 대하여 글이나 그림 그리기 대회가 있었다. 손주는 글짓기에서 1등(금상) 상을 받았다. 어른들이 흥분해서 난리인데 정작 본인은 쑥스러운 표정을 지었다. 제목을 묻자 몹시 부끄러워하면서 말했다.

 "「미안하다고 되는 게 아니야」. 상처를 주고 미안하다고 하면 모두 괜찮아지는 건 아니잖아요?"

 우리들은 의외의 제목에 놀랐다. 처음부터 상처를 주지 말아야 한다는 뜻이라고 덧붙였다. 이 제목은 아이들에게도 어른들에게도 의미심장한 메시지를 주고 있다.

 모두에게 기다려 달라는 은유적 표현이 아닐까 생각한다.

아들과 카디프에서 추억 한 장

영국 웨일스의 수도 카디프에 유학중인 아들이 많이 다쳤다는 연락이 왔다. 아버지도 수술한 지 오래되지 않아서 두바이에 있는 누나에게 연락을 한 모양인데 딸은 런던에서 유학하는 친구들에게 부탁했지만 치료기간이 길어질 것 같다면서 나에게 연락했다. 남편과 나는 급한 마음에 가장 먼저 탈 수 있는 네델란드 스키폴 공항을 거쳐 환승하는 비행기 표를 예약하였다. 아들은 카디프 대학교에서 비즈니스 공부를 하고 있었다.

카디프는 웨일스의 수도다. 과거에는 세계에서 가장 분주한 석탄 수출항으로 웨일스의 광산과 연결된 철도로 많은 이득을 본 도시이다. 오늘날은 항구가 없어지고 상업과 행정의 도시가 되었다. 우리나라에서 언론을 전공하는 학생들이 많이 와서 공부하고 있다.

네델란드 스키폴 공항을 이륙한 비행기는 한 시간 여 지나 카디프 공항에 도착했다. 선배와 같이 나온 아들은 다리에 깁스를 하고 목발을 짚고 있었다. 운동 중에 착지를 잘못하여 발목 뼈가 여러 조각으로 으스러졌다고 했다. 우리가 도착했을 때는 응급으로 수술하고 병원에서 일주일 정도 입원하였다가 퇴원한 상황이었다. 두 달 이상 더 치료를 받아야 했다.

밤중에 도착한 집은 '땅콩집'이라고 하는 똑같은 집들이 모여 있는 곳이었다. 세련되지 않은 붉은 2층 벽돌집들이 있는 동네는 과거로 돌아간 듯 고풍스러웠다. 아들은 집 독채를 렌트해서 한국인 한 명과 영국 학생, 셋이서 같이 살고 있었다. 우리가 갔을 때는 같이 있던 학생들은 고향으로 돌아가고 없었다. 작은 마당도 있는 집이다. 아들은 참을성도 많고 자상한 성격이어서 주위 사람들과도 잘 지내고 있었다. 걱정했는데 선배들의 도움을 많이 받으며 살고 있었다.

영국은 병원비와 수술비가 모두 무료다. 급한 환자 위주로 진료를 하기 때문에 위급한 환자가 아니면 오랫동안 기다려야 한다. 의료가 무료이기 때문에 의학 발전이 더디고 의사들은 의학 선진국인 미국으로 많이 간다고 한다. 아들이 수술한 병원도 좀 낙후되었다는 인상이었다. 국가가 지원해 무료 진료를 하는 대학병원으로 우리나라 병원과 모든 면에서 비교가 되었다.

카디프는 해안도시라 우리나라의 제주도와 비슷한 기후다. 3월인데도 공원에는 우리나라의 4월처럼 동백꽃이 피었고 노란 수선화도 무리지어 피어 있었다. 매주 수요일은 카디프의 학교는 오전 수업만 하고 오후는 운동하는 시간으로 정해져 있다. 체력을 중요하게 생각하는 교육이 부러웠다. 공원 옆 운동장은 축구를 하는 학생들로 붐

볐고 학생들의 함성 소리가 활기차고 우렁찼다. 축구를 좋아하는 나라라는 생각이 들었다.

  아들이 학교에 가고 나와 남편은 매일 공원을 산책했다. 공원에는 세 갈래 길이 있다. 하나는 포장 도로로 몸이 불편하거나 자전거를 타는 사람들을 배려한 도로다. 두 번째는 쓰러진 나무를 기계로 잘게 잘라서 바닥에 깔았다. 나무 향이 그윽하고 바닥이 푹신하여 피로하지 않았다. 세 번째 길은 강을 따라 형성된 자연스런 흙길이다. 강 속에서 유영하는 물고기도 보고 수면을 차고 오르는 새들도 보면서 걷는 길이다. 마을에서 공원을 가로질러 30분 정도 걸어가면 시내가 나온다. 매일 길을 골라 걷는 재미가 있었다.

  공원 안에는 볼거리가 다양했다. 특히 나무로 만든 조각품이 많았는데 그것은 고목이 된 나무의 둥치를 적당한 높이에서 잘라 거기에 새나 다람쥐. 꽃, 부엉이 같은 것을 조각한 것이었다. 쓰러진 나무마저도 재활용하여 멋진 예술품으로 탄생시킨 그들의 검박하면서도 감각적인 생활태도에 조금 놀랐다. 나도 언젠가는 저렇게 한 번 해봐야겠다고 생각했다.

  그동안 아들이 신세졌던 선배와 친구들을 집으로 초대하였다. 외국이라지만 재료만 있으면 얼마든지 우리 전통 음식을 만들 수가 있었다. 한국에서는 갈비가 비싸지만 영국에서는 뼈를 먹지 않아서 갈비가 싸다. 갈비찜을 하고 사골 곰국을 밤새 고아서 만두국을 끓였다. 몇 번을 끓여도 계속 뽀얀 국물이 나오는 게 우리나라 사골 뼈와 달랐다. 거기에 해물파전과 잡채를 곁들여 내놓자 모두들 좋아했다. 유학 온 다른 한국 학생들에게도 집 밥 한번 먹이고 싶었다. 같이 공부하는 프랑스, 스위스, 폴란드, 중국, 영국 등 세계 각국의 친구들도 초대하였다. 한국 음식에 대하여 외국 친구들은 극찬을 했다. 여덟 번이나 초대를 하고 나니 많은 선배와 친구들에게 도움을 받았던 아들의 얼굴이 밝아졌다. 그동안 신세진 것 때문에 부담을 갖고 있었던 것 같다. 그렇게라도 대신 갚을 수가 있어서 나도 기뻤다. 아픈 아들 병간호하려고 왔다가 여러 나라 친구들도 만나서 오랫동안 간직할 좋은 추억을 만들었다. 나는 음식을 해서 대접하는 것을 좋아한다. 전생에 갚아야 할 빚이 많았던가보다.

영국에 있는 동안 나는 아들과 한방에서 같이 잤다. 어린 시절 빼고 학교에 다니고부터 같이 자본 적이 없었다. 아들은 다리에 깁스를 하고 있었지만 한 번도 짜증을 내지 않고 불편한 기색도 없었다. 나와 아들은 몇 십 년 전 어린 시절로 돌아간 기분이었다. 지금도 아들은 나를 만나면 커다란 몸을 구부려 어린아이처럼 엄마 품에 안긴다.

카디프에서 돌아오자 나는 아들을 위한 건강기도에 몰두했다. 아들은 기흉으로 고생한 적이 있고 복숭아뼈 위에 철심을 두 개나 박은 큰 수술도 하였다. 내 간담을 서늘하게 한 아들의 사고는 두 번이나 되었다.

내가 애장품을 아들에게 주기로 마음먹었다. 내가 40년 전 한 달 동안 그린 십장생 병풍이다. 십장생은 영원한 해와 달을 그리고 장수하는 동물과 식물을 그린 그림으로 무병장수를 기원하는 뜻을 지닌다. 엄마의 간절한 기도가 들어간 그림인 만큼 아들의 건강을 지켜줄 것이라 믿는다.

사막 캠프와 하타 호텔

두바이에 있는 사위와 딸은 나를 위하여 사막에서 별을 보는 사막 캠프를 준비하였고, 또 최근 새롭게 오픈한 글램핑장에 있는 호텔을 예약했다. 나로선 한 번도 경험해보지 않은 놀라운 계획이었다. 호텔은 두바이 관광청이 소개한 신상 호텔3 곳 중 하나라고 한다. 하자르 산맥 안에 돌산으로 둘러싸인 하타 호텔은 호랑이 등짝 같은 돌산 계곡에 자리 잡았다. 돌산과 돌산 사이의 자연을 그대로 살려 조성되었다.

우리 일행은 오후 네 시경 두바이 시내를 벗어났다. 포장된 넓은 도로를 한 시간 정도 달렸다. 길가에 곳곳에서 사막캠프에 사용할 장자을 팔고 있었다. 장자을 파는 건 주말을 이용하여 투 잡을 하는 인도인들이라고 한다. 얼마 지나자 포장된 도로를 벗어나자 모래사막 길로 접어들었다. 자동차는 야트막한 모래 언덕을 넘어야 했다. 끝없이 펼쳐진 사막의 지평선으로 넘어가는 해는 마지막 한을 토해내듯이 하늘에 붉은 피를 토해내고 있었다.

바람이 소리없이 너울너울 춤을 추며 끝이 보이지 않는 모래 언덕을 만들었다. 먼지 같은 모래는 바람을 타고 언덕 위에 물결무늬를 새긴다. 모래는 작은 입자지만 오랜 세월 동안 쌓이고 쌓여서 단단하다. 다져진 모래 언덕 위에 겨우 버티고 있는 나무들은 해가 넘어가자 검은 실루엣을 드리우며 안도의 숨을 내쉬는 듯 보였다. 듬성듬성 서있는 나무들은 사막바람으로 쓰러질 듯이 한쪽으로 기울어져 등이 굽은 노인 같다. 사막에 어둠이 드리우자 곤충과 파리들이 순식간에 자취를 감추었고 바람도 고요한 침묵 속으로 사라졌다.

두바이에 사는 한국인들은 비교적 화려하고 풍족한 생활을 누리고 있다. 그런데 야생적이고 때묻지 않은 원시의 사막을 찾아오는 이유가 무엇일까. 세계적인 회사에서 외국인들과 치열한 경쟁을 벌여야 하는 이들이기에 더욱 휴식이 필요한 모양이다. 풍족한 생활 속에서도 채워지지 않는 공허함이 있는 것 같았다.

언덕과 언덕 사이 편편한 곳에 자리를 잡고 장작불을 피웠다. 일행은 와인과 음식과 음악을 준비하고 은은한 불빛으로 사막의 색다른 분위기를 만들었다. 음식 냄새를 맡고 찾아오는 모기나 파리도 없었다. 같은 언어를 쓰는 동족끼리 와인을 마시고, 한국 노래를 부르고, 고국에 대한 향수를 이야기하는 가운데 밤이 깊어갔다. 그들의 모습에서 나는 어떤 고단함을 엿보았다.

서쪽의 사막지평선에 해가 넘어가자 동쪽의 사막지평선에 달이 떴다. 한국에서 보는 달보다 크고 색이 선명하다. 불빛이 없어서 어둠고 캄캄한 사막에서는 하늘의 별들이 뚜렷하고 선명하다. 사방을 둘러보아도 온통 어둠, 사막의 능선은 어둠에 묻히고 별빛 달빛만이 오연하고 도도하다. 큼지막한 별들이 눈앞에 빼곡하게 쏟아진다. 북두칠성과 북극성을 정확하게 볼 수가 있었다. 어린 시절 고향 마당에 멍석을 깔고 밤하늘을 쳐다보면서 별자리를 세었던 할머니가 생각났다. 손녀만 했던 내가 할머니와 별을 보았는데, 지금은 내가 할머니가 되어 손녀와 같이 멍석 위가 아닌 중동의 사막에서 별을 쳐다보고 있다. 이곳에서 바라보는 달의 모양은 한국에서 보는 달의 모양과 반대라고 한다.

 그렇게 밤을 보내고 다음날 일찍 눈을 떴다. 햇살이 퍼지자 돌산은 누워 있는 어미 호랑이처럼 위용스런 모습을 드러냈다. 이 돌산은 화산으로 인하여 바다에서 솟아올랐다고 한다. 햇빛에 따라서 다르게 변하는 돌산의 모습이 호랑이 무리들이 꿈틀대는 듯 보였다. 위풍당당한 돌산과는 다르게 골짜기에는 비취색 호수가 잔잔하고 부드럽게 출렁이고 있었고 사람들은 그 푸른 물결 위에서 카약, 카누, 보트를 타고 한가하게 떠다니고 있었다. 사막 지대와 대조적인 풍경을 만들어 내는 색다른 명수이다.

 우리 일행이 묵은 호텔명은 두바이의 하타(HATTA)라는 지명을 따서 하타(HATTA) 호텔이라고 했다. 호텔은 건축물이 아니고 기차 트램*을 이용하여 객실을 꾸며 놓았다. 돌산과 호수를 바라보게 배

---

* 트램 : 도로의 일부에 설치한 레일 위를 운행하는 노면전차

치하였고 트램 안에는 더블 침대와 소파가 있고 간단한 주방시설과 화장실이 깔끔하게 꾸며져 있었다. 주변은 나무와 돌과 자갈만으로 자연스럽게 꾸몄다. 도시의 화려하고 웅장한 호텔과는 대조적으로 자연 친화적이고 소박하다. 문명을 벗어나 자연적인 환경으로 돌아가고 싶은 사람들에게 충분이 매력적일 것 같았다.

모든 시설이 자연의 일부인 것처럼 조화롭고 소박했다. 띄엄띄엄 설치해 놓은 트램 호텔방은 서로에게 방해를 주지 않고 마음껏 휴식을 취할 수가 있었다. 척박한 환경이지만 발상의 전환으로 색다른 관광지를 만든 것에 감탄했다.

이번 여행에서 초등학생인 외손녀와 같이 동행한 것이 나로선 특히 좋았다. 할머니의 보호자를 자처하고 따라나선 배려심이 깊은 아이다. 한 침대에서 같이 자면서 60년이라는 세대를 뛰어 넘는 대화를 하였다. 손녀는 학교 이야기 급우들 이야기를 참새처럼 재잘댔다. 재미도 있었지만 아이들의 세계를 이해하고 싶어 경청했다. 오랫동안 좋은 추억으로 남을 것 같다. 언제라도 꺼내 볼 수 있는 추억 한 장을 내 마음속에 고이 간직한 여행이었다.

축제의 한마당 연등회

2012년 국가무형문화재로 지정되었던 연등회가 2020년 12월 유네스코 인류무형문화유산으로 등재되었다.

사월초파일이 국가공휴일로 제정된 것은 1975년이었다. 이때부터 불교 연중행사 중 가장 큰 행사가 되었다. 조계종에서는 7,80년대까지만 해도 여의도 광장에서 조계사까지 연등행진을 했었다. 요즘은 행사장인 동국대에서 어울림 한마당과 연등법회를 마치고 본격적인 행진은 장충동에 있는 동국대를 출발하여 동대문을 거쳐 종로 1가에 있는 조계사까지 3시간 이상 진행된다. 이제 명실공히 종로거리 축제로 자리매김했다.

연등회는 1200여 년 전 신라시대부터 전해온 우리나라의 전통문화 민속 축제이다. 고려시대엔 음력 정월 보름과 2월 보름에 불을 밝혀 국왕과 백성의 안녕을 기원했고, 국가가 위기에 처했을 때는 탑골공원에 모여 등을 밝혀 나라를 위하여 기원하였다. 지금도 국가의 평화와 국민의 안전을 기원하며 개인에게는 연등에 불을 밝혀 밝은 지혜를 찾아가자는 의미를 지닌 행사이다.

　매년 사월초파일 부처님 오신 날이 되면 펼쳐지는 연등회가 코로나로 3년 동안 중단되었다가 올해는 완벽하게 치러졌다. 연등회 같은 축제는 전 국민들이 자부심을 갖고 문화적 차원에서 동참한다면 세계적인 축제로 발돋음할 것 같다. "천 개의 아름다운 등불이 찬란하기가 광명의 바다"를 이루자 오랫동안 우울했던 도시가 깨어나는 듯했다. 도시 뿐이겠는가. 보는 이마다 모두 마음속 깊은 곳에 환한 불이 밝혀지는 것 같았다. 오래간만에 화합의 장이 되고 외국인들에게도 볼거리를 제공한 축제의 한마당이었다.

　어울림마당이 펼쳐지는 동국대학교 운동장에 도착하니 많은 불자들이 이미 운집해 있었다. 내가 속한 구룡사는 1등단에 소속되어 가장 안쪽에 팻말이 있었다. 올해는 약 50여 단체와 사찰이 참여하였다고 한다. 각 사찰과 단체마다 창의적인 전통 등을 만들어서 참석했다. 해마다 펼쳐지는 전통 등 경연대회 시상식도 있었다. 구룡사는 토끼해를 상징하는 토끼그림을 그려서 하트 모양의 등을 만들었다. 총본사인 조계사에서 해마다 각 사찰에서 만든 창의적인 등을 선정하여 상을 주고 전시회도 연다. 구룡사는 시간 부족과 아이디어 부족으로 3등 상을 받았다. 내년에는 기발한 아이디어로 최고

＊ 고려 중기 문신 이규보는 문집 '동국이상국집'에 수록된 '봉은사 연등도량문'에서 "봄철의 좋은 밤을 가리어 법회를 절에서 베푸니 천 개의 아름다운 등불이 찬란하기가 광명의 바다 같고 백 가지 진귀한 음식은 풍성한 공양의 구름을 일으킨 듯하다"고 했다.

상을 받고 싶은 욕심이 일었다.

　식전행사는 사찰마다 오랫동안 준비한 율동 발표와 합창으로 흥을 돋웠다. 그리고 연등법회는 스님들의 관불 의식을 시작으로 평화 기원 기도로 이어졌다. 서울과 수도권에 있는 조계종, 총지종, 진각종, 태고종 등 종파를 초월하여 많은 사찰들이 참석하였다. 사부대중들의 모습이 오늘만 같았으면 좋겠다. 잔칫집처럼 흥겨운 분위기가 펼쳐지는 이곳이 극락이란 생각이 들었다.

　서쪽 하늘에 주황색 노을이 퍼지자 각 사찰에서 만든 전통 등에 불을 밝히고, 장충동 동국대 운동장을 출발하였다. 운동장을 빠져나오는 시간만 해도 1시간 이상 소요됐다. 일요일마다 절에 다녀오는 초등학생인 외손녀는 율동 발표도 하고, 광화문까지 걷는다고 얼굴이 상기되어 있었다. 구룡사에 다니는 나는 봉은사에 다니는 손녀와 같이 걷지 못하였지만 그래도 좋았다. 어린 나이부터 절에 다니는 것을 보면 전생의 습이 아닌가 한다. 손녀는 또래의 다른 아이들보다 속이 깊다. 상대를 배려하는 마음도 너그럽고, 리더십도 있는 것을 보면 지혜가 일찍 깨우쳐진 것 같다.

　사찰마다 맨 앞에 화려한 장엄 등을 앞세우고, 뒤에 사물패들이 풍악을 울리고, 어린이부터 청소년, 대학생, 어른까지 전 세대가 어우러져 전통 등을 들고 행진하였다. 모두 한마음이 되는 것 같았다. 전통한복을 입고 걸어가는 사찰도 있고, 합창단과 어린이들과 보살과 처사님들이 어우러져 걷는 모습도 보였다. 구경꾼들까지 흥에 겨워 오랫만에 즐기는 잔치 같은 축제였다. 사람들은 브라질의 삼바 축제는 알아도 연등회는 모른다. 불교라는 종교에서만 치러지는 단순한 종교의식으로 알고 있는 경우가 대부분이라 별 관심이 없다.

20여 년 전 대만을 다녀온 적이 있다. 정월이라 대만 곳곳엔 등축제가 벌어지고 있었다. 그 당시 우리나라는 장엄 등을 만들어서 이용하지 않았다. 대만은 화려한 장엄 등을 만들어서 강과 시내 곳곳에 달아 놓고 밤마다 사람들이 구름떼처럼 몰려 나와 즐기며 도시 전체가 축제 분위기였다. 소원을 적은 풍등을 몇 백 명이 구령에 맞추어 하늘로 동시에 날리는 모습은 그야말로 장엄경(莊嚴景)이었다. 깜깜한 하늘에 백 개의 등불이 올라가는 모습은 지금도 잊지 못할 명장면이었다.

우리나라도 연등 행렬을 관광으로 발전시킨다면 외국인들에게도 추억할 수 있는 볼거리가 될 것 같다. 서울 축제를 넘어 전 세계적인 축제가 되었으면 한다. 연등회는 모든 사람들에게 무명의 어둠에서 깨어나게 하는 의식이고, 전쟁이 없는 평화의 시대가 오기를 염원하는 몸짓이다.

도로 양 옆에는 한국인은 물론 외국인 관광객들로 발 디딜 틈 없이 붐볐다. 구경하는 많은 사람들과 외국인들이 박수를 치고 환호

성하는 가운데 우리는 행진을 했다. 내 옆에서 걷는 여대생은 흥분을 억제하지 못해 소리를 지르면서 구경하는 사람들과 손뼉을 부딪치며 천진난만한 아이 같이 좋아했다. 오래전부터 알고 지낸 친구처럼 웃으면서 손을 잡는 모습은 그대로가 만화방창이고 화장장엄이었다. 모두가 기뻐하는 대 화합이었고 평화의 행렬이었다.

밤하늘에 펴져가는 밝은 기운이 거리에 나온 사람들은 물론이고 모든 사람들에게 전 인류에게 희망의 등불을 밝혀주기를 간절히 기원하였다. 모처럼 나답지 않게 큰 소원을 빌었다.

관광천국 두바이

12월 27일 초등학생인 외손녀와 두바이 공항에 도착했다. 공항은 연말과 연초를 즐기려고 두바이를 찾은 관광객들로 북적댔다. 러시아와 우쿠라이나 전쟁으로 북유럽에서 많은 사람들이 입국하였다고 한다. 두바이 전체가 관광객들로 모처럼 호황이라니 아이러니다. 어둠이 있으면 빛이 있기 마련인가. 고급호텔은 비어 있는 객실이 없었다. 지구촌 한쪽에서는 사람들이 전쟁을 죽어가고 한쪽에서는 즐기고 있다.

12월의 두바이는 낮에는 따뜻하고 저녁은 서늘하여 우리나라 9월 날씨와 비슷했다. 가스와 유전으로 사막 위에 기적을 만든 도시 두바이. 왕권국가이지만 어느 나라보다 자유롭고 활기차다. 국왕이 나라를 다스리고 거리 곳곳에 국왕의 대형 브로마이드가 붙어 있다. 외국인에게는 낯선 풍경이지만 두바이 관광을 마치고 돌아갈 즈음엔 국왕의 얼굴을 자연스럽게 기억하게 될 것 같았다. 국왕은 영국에서 공부를 하여 일찍 선진문학를 받아들인 선구자라고 한다.

진주잡이가 주업이었던 두바이는 역사가 길지 않지만(1971년 건국) 지도자의 안목으로 중동에서 가장 화려한 국가로 발전하였다.

아랍에미리트는 7개 토후국으로 이루어진 나라이며 수도는 아부다비다. 아부다비 국왕이 대통령을 겸임하고 있다. 두바이는 7개 중 두 번째로 서열이 높으며 부통령 겸 총리를 맡고 있다. 각자 자치권을 갖고 있으며 통치권자의 능력으로 많은 차이가 난다. 아부다비 왕은 나무를 좋아하여 아무다비 도시 전체에 나무가 무성하지만 두바이에 비하면 화려하지 않다.

이슬람 성전인 아부다비 그랜드모스크에는 세계에서 가장 큰 카펫이 깔려 있다. 복장 규정이 있어서 반바지를 입고 들어갈 수가 없고, 여자들은 머리카락이 보이지 않게 히잡을 써야 입장할 수 있다. 이곳은 건축물이라기보다 예술작품이라 해야 할 것 같다. 다양한 대리석에 정교하게 새겨진 문양에서 눈을 뗄 수가 없었다.

두바이의 국왕은 높은 안목으로 세계에서 가장 호화로운 도시를 만들었다. 바다를 매립하여 야자수 잎처럼 인공 섬을 만들었다. 잔잔한 바다가 집 앞에 있어 정원의 일부분이라고 할 수도 있다. 세계의 부호들이 집을 많이 가지고 있고, 유명한 운동선수나 스타들의 별장이 많다고 한다. 집집마다 바다를 볼 수 있게 설계되었다. 해안선을 따라 지은 건축물들과 호텔들은 건축가들의 작품을 보는 것 같다. 똑같은 건축물은 찾아볼 수가 없다.

이곳 사람들은 75% 이상이 이슬람교를 믿으며 하루에 다섯 번씩 알라신에게 기도를 하고 돼지고기와 술을 먹지 않는다. 따라서 두바이에선 술을 팔지 않는다. 또한 관광객들이나 외국인들은 호텔에서만 술을 마실 수가 있다.

모래 위에 세워진 초호화 도시 두바이 중심부에는 부르즈 할리파라는 세계 최고층 빌딩이 있다. 이 빌딩은 두바이의 랜드마크다. 지상 163층, 첨탑 포함 209층인 빌딩은 우리나라 삼성물산이 베식스. 아랍텍과 같이 건설에 참여하였다. 빌딩 앞에는 커다란 인공 호수를 만들어 저녁마다 세계에서 가장 높은 음악분수 쇼를 한다. 관광객들은 분수 쇼를 보기 위하여 구름떼처럼 몰려든다. 세계에서 가장 높은 빌딩 앞에 서 있으면 대한민국의 기술력에 감탄한다. 대한민국이 너무나 자랑스럽고 가슴이 벅차오른다.

국영에서 지었다는 수천 가구의 마을들은 나무와 꽃들로 잘 가꾸어져 있다. 도로와 정원들은 하루에 네 번씩 땅에 박아 놓은 고무호수에서 자동으로 물이 분사된다. 모든 것이 자동으로 중앙시스템이 되어 있다. 바닷물을 정수하여 사용하기 때문에 물값이 기름값보다 비싸다. 주택가는 조용하고 운동하는 사람 이외는 걸어 다니는 사람들을 볼 수가 없다.

두바이는 자국민보다 외국인이 더 많다. 주변국가의 싼 노동력을 이용한다. 모든 분야에서 저렴한 노동력을 이용하니 어디를 가도 깨끗하다. 인도, 수단, 남아공 같은 아프리카에서 온 사람들과 스리랑카, 필리핀, 인도네시아 같은 동남아에서 온 영어권 사람들이 많다. 나라가 부강하지 못하면 국민들이 대우받지 못한다. 우리나라 젊은 이들이 돈을 벌기 위하여 뜨거운 열사의 나라로 간 것도 겨우 몇 십 년 전이었다. 독일의 광부로, 간호사로 돈을 벌어서 중동의 건설 노동자로 달려가 가난한 조국을 일으켜 세웠다.

두바이에 한국 교민은 약 5000명 정도 된다. 대부분 주재원들이나 기업체 상사원들이다. 대한민국의 경제력이 튼튼하니 우리국민은 대우를 받고 있다. 두바이는 세계의 허브도시로서 국가는 법인세, 소득세를 거의 징수하지 않는다. 외국인이라도 쉽게 집을 살 수가 있다. 면세 쇼핑으로 세계의 관광객을 유치하고 있다. 도시에서 골프를 치고, 호텔에서 세계 최고의 셰프가 만든 음식을 먹으면서 최상의 대접을 받는 기분이 들게 하는 등 관광 서비스가 대단하다. 호텔 앞에서 요트를 타고, 일광욕을 즐기는 북유럽 사람들에게는 지상 낙원이다. 한국에서 온 사람들도 세금이 없기 때문에 주택 걱정 없이 살고 있다. 집값이 월급에 비하면 비싸다는 생각이 들지 않는다. 여기는 젊은이들에게는 기회의 땅인 것 같다.

두바이는 사계절이 있지만 우리나라처럼 뚜렷하지 않다. 여름에는 밖의 온도가 50도에 가까운 한증막 같지만 대신 냉방시설이 완벽하게 가동되어 어디를 가든 시원하다. 또한 건조하기 때문에 그늘에서는 시원하다. 살아가는 데 불편함이 많지 않다. 요즘은 이상기온 때문에 가끔 비가 온다고 한다. 물 빠지는 시설이 되어 있지 않아서 비가 오면 학교가 휴교를 한다고 한다. 육상으로 다니는 전철은 기관사가 없이 무인 운행한다. 주택마다 담장이 낮아도 도둑이 없다고 한다. 음주 운전은 엄하게 처벌하여 단속에 걸리면 바로 구속되고 엄청난 벌금을 지불하고, 최소한 일주일 이상 감옥 생활을 해야 하다.

가끔 남자 한 명이 히잡을 쓰고 눈만 내놓은 세 명의 여자를 거느리고 다니는 것을 본다. 생소한 장면이지만 능력 있는 남자만이 누릴 수 있는 특권이란다. 눈만 내놓고 다 감춰버리는 것은 머리카락이 성욕을 자극하기 때문이라고 한다. 겉옷은 망토 같은 아바야란 검은 전통 옷을 많이 입고 다닌다. 몸이 드러나지 않게 발끝까지 감추고 있다. 이런 복장은 자국인보다 외국인이 더 많은 그 나라의 정체성과 존재감을 나타내는 것이라고 한다. 그렇지만 여자들은 대부분 아바야란 전통 옷 속에 명품으로 치장을 하고 있다.

대부분의 중동 국가가 그렇지만 화려한 도시와 다르게 두바이에서도 여자들을 무시하는 경향을 곳곳에서 볼 수 있었다. 남편이 사망하면 배우자는 형제보다 후순위라고 한다. 여러 명의 여자와 결혼하는 것도, 이슬람교를 믿는 사람들에게 전통 복장이지만 히잡을 쓰고 다니는 것도 남성 우월 중심에서 나온 문화적 특징이다.

집으로 가는 길-(52x43cm) oil on canvas 작가 최상선 .소장 최윤실

6부

다시 만난다면

다시 만난다면

시어머니의 기일(忌日)이 다가왔다. 어머니와 나는 다시 만난다면 서로를 품을 수가 있을까?

어머니 생전에 우리는 겉으로 평온해 보였지만 안으로는 끊임없이 팽팽했었다. 어머니는 며느리 탓을 하면서 혼자 살기를 고집하다가 내가 환갑이 지난 이듬해 우리 집으로 오셨다. 연로한 어머니가 혼자 지내니까 내막을 모르는 친척들은 어머니 말씀에 동조하면서, 저러다가 노인네 굶어 죽게 생겼다고 수군거리곤 했다. 나로선 무척이나 곤혹스럽고 억울했다. 아무리 세상이 변했다지만 연로한 어머니를 혼자 지내게 한다는 상황 자체만으로도 맏며느리는 죄인일 수밖에 없었.

슬하에 아들이 셋이고 경제력도 있었던 어머니는 마음을 편안하게 갖지 못하셨다. 세 며느리들을 당신 나름대로 점수를 매겨가면서 늘 복잡한 계산을 하셨다. 맏며느리는 만만치가 않았고, 둘째며느리는 성격은 고분고분한데 어머니를 모실 형편은 아니었다. 셋째는 경제력이 있지만 모시고자 하는 책임감은 없었다. 또한 셋째아들이 어머니와 취미는 잘 맞는데 주장을 굽히지 않는 성품이 너무 똑같아 같이 산다는 건 쉽지 않아 보였다. 어머니는 둘째며느리에게 계속 러브콜을 보냈는데 둘째는 이런저런 사정으로 차일피일 미루다가 어머니보다 먼저 세상을 등졌으니 결국 어머니의 짝사랑으로 끝나고 말았다. 맏며느리인 나는 어머니가 강한 성격인데다 당신 위주로만 행동하시는 경우가 많아 겁이 났어도 당연히 모실 각오는 하고 있었다.

우리집으로 오시기 5년 전부터 이미 치매 약을 복용하고 있었다. 순간적으로 치매 증상이 나타나면 아이처럼 고집을 부리고 이상한 행동을 했다. 혼자 사시는 아파트에 세를 내놓아 낯선 사람들과 함께 산 적도 있었다. 우리 모두 당혹스러워 어찌할 바를 몰랐다. 명절날이면 자식들 앞에서 한바탕 큰소리로 울어야 끝이 났다. 그럴 때마다 가장 난감한 사람은 맏며느리인 나였다. 어머니를 모시지 않아서 야기된 문제 같아서 식구들에게 고개를 들 수가 없었고 아이들에게도 면목이 서지 않았다.

아무 성과도 없이, 아무 실속도 없이, 나는 고부라는 미묘한 관계를 화두 삼아 탐색하고 몰두하는 데 인생의 대부분을 바쳐온 것 같다. 이런 환경 탓인지 아이들은 나에게 요구하는 것이 없었다. 남편도 마찬가지로 나를 힘들게 하지 않았다. 모두 제 자리에서 할 일들을 잘 했다. 그렇다고 내 편을 들어주는 것도 아니고 할머니 편을 드는 것도 아니었다. 아이들이 나한테 하는 위로의 말은 기껏해야 할머니를 변하게 할 수가 없으니 엄마가 변해야 된다는 것이었다. 그래, 내가 변해야지, 하면서도 속은 답답했다. 어머니와 나는 떨어져 살아도 항상 같이 사는 거나 마찬가지였다.

매일 아침마다 반찬을 만들어 출근하는 남편 손에 들려보냈고 남편은 어머니 집에 들러 그것을 전해드리고 직장으로 가곤 했다. 며느리인 내가 갖다드릴 수도 있었다. 하지만 어머니는 음식보다 아들을 더 간절히 기다리는 것 같았다. 그래도 나는 남편에게 반찬통을 건넬 때마다 미안했다. 주말엔 음식을 장만해 소풍가듯 바구니에 담아 들고 남편과 같이 어머니 집으로 가서 점심을 먹었다.

어머니는 점점 치매가 심해지면서 넘어지는 횟수가 많아졌다. 급기야 낙상으로 엉덩이뼈에 금이 갔다. 하필 그날은 친정오빠의 장례식 날이었다. 급히 상경하여 병원에 입원시켰다. 20일 동안 입원치료 후 어머니께는 여쭤보지도 않고 우리 집으로 모셔왔다. 남편은 날마다 어머니를 휠체어에 태우고 동네 공원으로 나가 재활을 도왔다.

그렇게도 맏며느리하고 살기를 꺼리시더니, 어머니는 당신 집은 까맣게 잊어버리고 그렇게 좋아하던 맏아들과 같이 7년을 애기 얼굴이 되어 순한 양처럼 사셨다. 어느 날은 아침에 방문을 열어보니 옷장의 옷들을 모두 꺼내 헤집으며 무엇인가를 열심히 찾고 있었고, 어느 때는 당신을 기다리는 사람이 있다면서 밤마다 깜깜한 현관 앞에 앉아서 소리를 쳤다. 치매는 생각보다 무서운 병이었다.

나는 늘 어머니 위주의 식단을 짰다. 소화가 잘 되는 부드러운 음식을 장만하고 양질의 단백질을 보충하기 위해 생선은 떨어지지 않게 준비하였다. 최선을 다한다면 나중에 내가 한 행동 때문에 후회는 안 할 것이라 생각했다. 아이들에게도 좋은 본보기가 되고 싶은 욕심도 조금은 있었다.

한집에 7년을 살면서 그 세월만큼 어머니와 가까워진 것은 아니다. 내게 어머니는 여전히 조심스럽고 어려웠으며 난해했다. 어머니가 떠나신 다음에 내가 깨달은 건 최선이란 없다는 사실이었다. 다시 그 시간으로 되돌아간다 해도 더 잘해드릴 자신은 없지만, 어쩌면 더 깊이 만날 수는 있을지도 모른다.

어머니와 나는 떼려야 뗄 수 없는 인연이었다. 그런데 더 깊이 알아보기 위해서, 더 가깝게 들여다보기 위해서, 나는 어떤 노력을 했던가. 지금 나와 마주앉은 사람이 나와 가장 가까운 사람이다, 라는 명제는 기억의 지층, 시간의 지층 속에서만 파편적으로 드러나는 진리다.

손자와 자개장

외국에서 살던 손주가 방학이라고 입국했다. 다섯 살인 손자는 머뭇거리면서 내 방으로 들어왔다. 어색한 표정으로 나전칠기 자개장을 만지면서 나를 쳐다보았다. 자개장에는 우리 민화처럼 꽃도 있고 나비도 있고 사슴과 공작새도 있다. 전복 껍질을 붙여 만들었기 때문에 입체감이 살아있고 더욱 사실적으로 보인다. 손주는 금방 날아갈 것 같은 새을 자세히 살피며 신기한 듯 손으로 쓰다듬었다. 왜 그러나 궁금하기도 하고 그 속마음을 알 것 같기도 한데, 시치미를 뚝 떼고 물어보았다.

"예쁘니?"

"예, 예쁜 것도 많고 재미있는 것이 너무 많아요."

"너 갖고 싶니?"

" 할머니 저 줄 수 있어요?"

고개를 끄떡이면서 나를 바라보았다. 그 모습이 너무 앙증맞았다. 천진난만한 까만 눈동자를 바라보다가 앞뒤 잴 것 없이 약속해버렸다.

"할머니가 잘 간직하고 있다가 네가 크면 줄게."

손주는 얼굴에 함빡 웃음을 머금고 다시 자개장에 박혀 있는 그림들을 만지작거렸다. 며칠 후 다시 우리 집에 왔을 때 내 손을 잡아끌고 자개장이 있는 방으로 들어가서 재차 확인을 했다.

"할머니 이거 저 준다고 약속했죠?"

어느 누구도 욕심내지 말라는 듯이 자개장을 고사리 같은 손으로 쓰다듬었다. 그러다가 갑자기 내 손을 잡고 다른 방에 있는 의걸이장(衣欌), 삼층장, 문갑, 화장대가 있는 방으로 들어가서 또 물었다.

"여기 있는 것도 다 줄 수 있어요?"

"그럼 다 줄 수 있지."

대답을 하고 고사리 같은 손자의 새끼손가락을 걸고 엄지로 도장까지 찍으면서 약속을 했다. 내 마음은 밀렸던 숙제를 한 것 같아 시원하기도 하고 흐뭇하기도 했다. 겨우 다섯 살인 손주와의 약속이지만 돌아가신 시어머니께 무언의 약속을 지켜서 좋았다.

이 자개장은 43년 전 내가 시집 왔을 때 안방을 화려하게 차지하고 있었다. 시어머니는 무척 비싼 가격을 치르고 처음이자 마지막으로 마음에 드는 장롱을 장만한 듯 무척이나 아끼시는 물건 중 하나였다. 평소 보석을 좋아하시도 않았고 비싼 옷도 해입지 않던 분이었는데 이 자개장을 장만할 때는 거액이라 시아버님과 크게 다투면서도 고집을 꺾지 않았다고 했다. 그렇게 장만한 것이니 애착을 어떠했을까.

연세가 들자 이 자개장이 큰 고민이 되었던 것 같았다. 어느 날 갑자기 문갑이랑 삼층장, 의걸이장을 우리 집으로 보내왔다. 시어머니 친구 분들이, 아무리 아끼는 물건이라도 며느리들은 시어머니가 쓰던 물건들을 사후에 불에 다 태운다는 말을 듣고 즉각 실행에 옮기신 것 같았다. 나는 시어머니의 장롱을 탐내 본 적도 없었다. 하지만 시어머니가 그토록 애정을 갖고 아끼는 물건이었으니 자식된 도리로 거절할 수가 없었다. 좋은 뜻으로 받아들이기로 했다.

그리고 20년 후 몸이 불편하여 시어머니와 합가를 할 때 이 자개장을 내가 거처하는 방에 들여 놓았다. 시어머니가 거처할 방에는 많은 가구가 차지하고 있어 더 이상 놓을 자리가 없었다. 자개장을 내 방에 들여놓자 시어머니의 주름진 얼굴에서 안도하는 표정을 읽을 수가 있었다. 시어머니의 마음이 편안하니 나도 좋았다.

당신이 오랫동안 간직했던 자개장을 누군가 가져가기를 바랐던 것 같다. 형님(딸)이 간직하는 게 좋을 것 같아 권해봤지만 내켜하지 않았다. 셋째며느리도 사양했다.

요즘 사람들은 대체로 고가구를 좋아하지 않아서 아무리 좋은 나전칠기든 뭐든 자개장은 인기가 없다. 하얀 창호지를 바른 격자무늬 창문에 햇살과 바람이 스며들고 콩기름칠을 한 노란 장판이어야 제격인데, 요즘 주택들은 밀폐된 공산이라 이둡고 나무로 된 바닥과 현대식 유리창이어서 잘 어울리지 않는 가구다.

어머니가 아끼는 물건을 누가 소중하게 간직하면 좋을 텐데 아무도 갖고 싶어하는 자식이 없었다. 평상시 무서운 분이었기 때문일까.

물건 자체만으로도 그분이 연상될까봐 그랬는지도 모르겠다. 증조할머니와 직접적인 감정 교류가 없었던 증손자만이 할머니의 유품을 갖고 싶어하는 것은 신기한 일이었다. 다섯 살 아이에게 이것은 예쁜 꽃과 새와 동물 들 문양이 그저 좋은 것일까.

유품이란 그 물건을 바라봤을 때 아련한 그리움과 추억이 떠오르기 마련이다. 모두 마다하는 어머니의 유품을 내가 거부감 없이 간직할 수가 있었던 것은 미운 정 고운 정이 들었던 덕분이다. 어머니 유품을 볼 때마다 어머니가 생각 나며 새색시 때 그리도 힘겨웠던 시집살이가 새삼 그리워지기도 한다. 지금 생각해보면 내 부족함이 많았는데 그때는 왜 그렇게 억울한 것도 많았는지 모르겠다. 참말로 세월이 약이다. 기다리는 지혜가 필요했는데 무엇이 그렇게 조급했었나 모를 일이다.

나는 아무도 눈여겨보지도 않는 어머니의 자개장을 손주에게 준다고 약속하고서 무척 즐거워졌다. 자개장이라는 어머니와 무언의 약속이 이제 나도 늙어가니 마음에 부담으로 남아있었나 보다. 다섯 살 손자가 그걸 소중하게 생각해주는 것만으로도 기쁘고 뿌듯하다.

부처님이 맺어준 인연

나는 사람과 사람의 인연을 가볍게 생각하지 않는다. 자식이 셋이니 당연히 사돈댁도 세 집이다. 위로 딸 둘을 출가를 시키면서 귀한 사위를 둘이나 얻었다. 그리고 셋째가 아들이어서 예쁜 며느리도 얻었다. 너무도 감사한 일이다. 나는 이런 인연은 전생으로부터 깊은 연관이 있었을 것이라는 믿음이 확고한 편이다.

며느리와 첫 대면이 어떤 결혼식장 복도였다. 일찍 도착한 나는 복도에서 지인들을 기다리고 있었다. 그때 한 아가씨가 내 앞을 지나쳐가는데 눈에 확 띄는 게 너무도 예쁘게 보였다. 그날 결혼하는 신랑의 동생이 아닌가 하는 지레짐작을 하며 호기심이 발동하였다.

오랫동안 같은 절에 다니는 보살님 아들의 결혼식이었다. 30여 년을 같은 절에 다녔고 10여 년 간 전국의 사찰을 찾아서 같이 기도를 다닌 사이였다. 우린 서로 보살이라고 부르면서 서로에게 무언지 모를 편안함을 느꼈다. 내 눈을 환하게 밝힌 아가씨는 과연 그의 딸이었다.

며칠 후 전화로 아가씨와 우리 아들을 만나게 하면 것이 어떨까 하는 내 의사를 넌지시 건넸다. 상대편에서도 싫어하는 것 같지는 않았다. 아들이 외국에서 들어오면 만나자고 기약 없는 약속을 했다. 시어머니가 될 내가 중매쟁이가 된 셈이었다.

주위에서 너무 가까운 사이는 인연을 맺지 않는다고 만류하는 소리도 들려왔다. 가까이 지내다가 아이들 문제가 성사되지 않으면 돌이킬 수 없는 사이가 되는 경우가 허다하다는 것이었다. 내 생각은 조금 달랐다. 인도에서는 색시를 보지 않아도 친정어머니를 보고 결혼한다는 것을 오래 전에 책에서 읽은 적이 있었다. 나는 전적으로 그것을 믿는다. 며느리는 친정어머니를 보고 맞이해야 되겠다는 생각을 오래 전부터 해왔고 나는 그 보살에게 깊은 신뢰와 존경심을 갖고 있었다. 오랜 세월 함께 기도하러 다니면서 형성된 믿음이었다. 잘살고 못사는 것은 문제가 안 되었다. 알뜰하고 검소하고 희생적인 보살의 지극한 마음이 때로 나를 감동시켰다. 평범한 집에서 곱게 자란 아가씨였다. 어머니를 닮았으면 딸도 심성이 착할 것이었다. 당시 나는 아가씨에 대해서 기본적인 것 이외는 아는 것이 거의 없었다.

아들이 외국에서 들어오자 나는 전화번호를 주면서 한 번 만나 보라고 권했다. 만나고 온 아들은 기분이 좋아 보였다. 둘은 24년 전 그러니까 아들이 일곱 살 적에 절에서 어린이 일요법회 때 만난 사이였다. 보통 인연은 아니라는 생각이 들었다. 아가씨는 한국에 살고 아들은 두바이에 있으면서 둘은 좋은 감정을 발전시켜 나갔다. 일년 정도 사귀다가 결혼날자를 잡았다. 결혼을 결정하고 아가씨를 만났는데 이상하게도 첫날처럼 그렇게 눈에 번쩍 띄는 용모는 아니었다. 우리 집과 인연이 되려고 첫날 내 눈에 그렇게 예쁘게 보였는가 했다. 부처님이 인연을 맺어주려고 내 눈에 콩깍지를 씌우셨던가.

둘은 슬하에 아들 하나를 두고 사이좋은 친구처럼 살아가고 있다. 좋은 인연을 부처님이 맺어주었으니 감사할 뿐이다.

내가 다니는 절은 양산에 있는 통도사 서울 포교당이다. 양재동에 터를 잡은 지 35년이 되었지만 같은 절에서 사돈을 맺는 것은 쉽지가 않다고 한다. 오랜 세월 인연을 맺은 가족은 몇 집이 안 된다고 한다. 그래서 우리가 다니는 절에서 사돈과 나를 부러워하는 사람들이 많다. 덕분에 사돈과 나는 절에서 좀 유명해졌다. 절에 오는 보살들은 나를 보면 불명 명심화 대신 사돈이라고 부르는 경우가 많다. 이럴 때는 괜히 으쓱해진다.

며느리도 전생의 연인 것 같아 더 믿음직하고 예쁘다. 고부간의 갈등 같은 건 생각지도 않는다. 나는 후회를 해본 적이 없어서 다른 보살에게 권하지만 결코 쉬운 일은 아닌 것 같다. 우린 사돈이기 전에 같은 도반으로 만났으므로 친구 같기도 하고 자매 같은 기분이 들 때가 많다. 물론 아들과 며느리도 재미있게 살아가고 있다. 그 모습을 바라보는 나와 남편도 흐뭇하기 그지없다. 큰 욕심 없이 평범한 생활 속의 행복이다.

　우리 부부는 큰아들 사돈네와도 각별했다. 크루즈 여행도 하고 해외여행도 같이 다녔으며 해맞이하러도 가고 김장도 같이 하면서 14년을 넘겨 지냈다. 나이가 적은 우리 부부가 처음부터 형님처럼 대하니 사돈께서도 동생처럼 대해 주셔서 어려움이 없었다. 이젠 건강들이 안 좋아져서 자주 만나지 못하고 있다.

　둘째 사돈은 사위와 딸이 결혼하면서 외국에 살아서 자주 만나지는 못하고 있다. 또 언컨에 시시니 거리 때문에 자주 교류를 하지 못하지만 항상 감사한 마음을 갖고 있다. 둘째 사돈도 연세가 많아서 건강들이 좋지 않다. 이렇게 세 사돈과의 인연은 보물을 얻은 것처럼 든든하다.

집으로 가는 길(歸家)

 강릉은 봄이 되면 대관령에서 황토바람이 불어온다. 1987년 신세계 화랑에서 황토바람을 화폭에 담은 최상선 화가의 〈집으로 가는 길〉이라는 유화 한 점을 구입했다. 이미 고인이 되었지만 거실에 걸어 놓고 최상선 화가가 살아온 일생을 반추(反芻)해본다.
 그림 속에도 황토바람이 불고 있다. 저녁 해는 서산에 기울고 소년은 지게에 나뭇짐을 힘겹게 지고 걸어가고 있는 모습이다. 까치둥지에는 새끼 두 마리가 어미가 물어오는 먹이를 기다리며 입을 벌리고 있다. 황토 길에는 여섯 그루의 미루나무가 저녁 해가 넘어가는 신작로에 황토바람을 맞으며 그림자를 길게 드리우고 있다. 나뭇짐을 짊어지고 가는 소년보다 더 커서, 소년은 앞으로 쓰러질 것처럼 아슬아슬하다. 땔감을 지고 가는 소년의 등 뒤로 바람이라도 불이 시원하게 해주었으면 하는 마음이 절로 들게 하는 그림이다.
 최상선 화가는 6.25전쟁 때 아버지가 이북으로 끌려간 이산가족이다. 아버지가 없는 소년은 일찍 가장이 되었다. 청춘에 과부 아닌

과부가 된 어머니는 삯바느질로 1남 4녀를 힘들게 길렀다. 어머니의 엄지손톱은 오랫동안 바느질로 다 닳아 없어졌다. 최상선은 그림을 잘 그렸지만 가정형편상 사범학교를 나와 초등학교에서 교편을 잡았고 40여 년을 강릉을 벗어나지 못했다. 그렇지만 그림을 그리고 싶은 마음은 접을 수가 없었다. 초등학교에서 교사로 있는 동안 지방에서 활발한 활동을 펼치다가 40대 후반 학교에 사직서를 내고 서울로 올라와 본격적으로 화가의 길로 접어 들었다. 소천하는 날까지 붓을 놓지 않았던 최상선 화가는 해마다 개인전을 열었다.
　전시장에서 만난 최상선 화가는 〈집으로 가는 길〉이라는 작품이 본인의 자화상이라고 했다. 그의 그림을 보고 있으면 아버지에 대한 그리움이 진하게 배어 있다. 까치가 갖다줄 것 같은 희소식을 기다리며, 등에 진 나뭇짐도 힘들지 않을 것 같아 감상하는 사람들 마음을 뭉클하게 한다. 후기에 그린 그림에는 까치 대신 교회가 많이 등장한다. 죽는 날까지 아버지에 대한 그리움과 이산가족의 아픔과 간절한 소망이 깃든 작품을 그렸다. 그의 그림에는 항상 황토바람이 불어오는 것처럼 표현했다. 태양은 황토바람이 불어오는 하늘에 보일 듯 말 듯 흐릿하게 그렸다. 아마 저 황토바람은 최상선 화가로선 무의식의 발현이었을 것이다. 평생 동안 마음속에 황토바람을 안고 살았던 화가의 그림은 보는 이로 하여금 어떤 아픔을 돌아보게 하고 어떤 그리움을 자아낸다.
　그림을 보면 화가의 성향이나 생각을 알 수가 있다. 색감은 말할 것도 없고 붓 터치나 어떤 재료를 쓰느냐에 따라 화가는 자기만의

개성 있는 그림을 그린다.

　내 작품은 청색과 녹색의 그림이 많다. 초기에 출품하였던 국전 작품도 모두 청색과 녹색으로 그렸다. 첫 출품작은 〈연〉이란 불교적 이미지를 정적으로 표현했다. 두 번째 작품은 제목이 〈한여름 밤의 이야기〉로 여름밤 할머니가 들려주는 이야기를 묘사했다. 무서운 도깨비도 나오고, 밤하늘에 떠있는 무수한 별을 그려서 낭만적이면서 무서움을 고조시킨 작품이다. 그 외에 내가 그린 그림 대부분이 청색과 녹색을 주로 사용했다. 그 또한 내 무의식적인 표현 같다.
　최상선 화가가 작품 속에 까치를 그려서 기약도 없이 반가운 소식이 오기를 기다리고 교회를 그려 넣으면서 간절하게 기도하는 마음을 표현했다면, 나는 청색과 녹색을 통해 생명에 대한 존중과 애착을 담고자 한 것 같다. 흙바람이 최상선 화가의 간절한 마음과 어린가장으로 절박했던 어려운 생활을 표현했듯이, 나는 내가 태어나고 자랐던 강원도 산골마을의 파란 하늘과 녹색의 산과 들을 그려 넣으면서 그 아련했던 행복의 시간에 천착하였다. 특히 고향집 툇마루에 서면 앞산에는 늘 푸른 소나무가 보였다. 나의 마음속에 잠재하고 있는 색은 어린 시절 고향에서 보았던 파란 하늘과 늘 푸른 소나무의 색이다.
　화가들은 내면에 잠재하고 있는 무의식의 세계를 창작을 통하여 밖으로 끄집어내는 작업을 한다. 마찬가지로 글을 쓰는 작가는 문장으로 그림을 그리고 서사를 연결하며 무의식과 대화한다.

　최상선 화가의 작품을 처음 대하는 사람들은 전공자가 아니라도 분위기에 감탄한다. 사실적으로 그린 것도 아니고 그렇다고 추상적인 그림도 아니지만 그림 앞에 서면 가슴이 촉촉해진다. 최 화가의 아들도 화가로 대학에서 후학들을 가르치고 있다. 아버지보다 그림이 추상적이며 밝아졌다는 느낌을 받았는데 붓 터치는 아버지와 같은 화풍이었다. 그림을 감상하면서 화가의 성향을 알면 작품을 이해하는 데 많은 도움이 된다.

　최상선 화가는 친구의 오빠다. 고등학교에서 만난 친구는 높이뛰기 육상선수였다. 태릉선수촌에 들어가 있었고, 가끔 학교에 나왔다. 수줍음을 많이 탔던 친구는 운동을 하여서 허벅지와 다리가 또래 친구들보다 두 배 이상 굵었다. 우리는 말은 별로 없었지만 서로 통하는 점이 많았다. 그 친구는 운동을 하였고 나는 그림을 그리다 보니 어딘가 공통점이 있었다. 내가 처음 서울로 왔을 때 입시를 앞두고 한 달 정도 입시학원을 다닌 적이 있는데 그때 최상선 화가가 재직하는 미술 입시학원에 다닌 것도 그런 인연에 기인하였다.

　최상선 화가의 〈집으로 가는 길(歸嫁)〉이라는 작품은 화가로선 소년시절 힘들고 고단했던 모습을 담았겠지만, 큰 범주에서 보면 그것은 인생이라는 타이틀이 아닐까 싶다. 우리 모두는 힘겹게 짐을 진 채 황토바람을 맞으며 저물녘의 들길을 걸어가는 중인지도 모른다.

함께 있어 행복한 친구들

54년 전 70학번으로 만난 우린 스무 살로 돌아갔다. 마음은 젊은 할머니들의 만남, 구슬 굴러가는 웃음소리는 아니지만 한여름 소낙비처럼 시원하고 정감이 넘쳤다.

스무 살에 대학 입학하고부터 지금까지 오랫동안 질기게 붙어 다녔다. 각자 고향이 부여, 인천, 전주, 강릉 등이고 서울 출신도 여럿이다. 학교 다닐 때는 실기가 많아서 같이 있는 시간이 많았고, 문양 답사란 명분으로 여행도 많이 다녔다.

나이가 들자 운전하던 친구들도 운전대를 놓기 시작했다. 자동차를 갖고 여행하는 것이 불가능해지자 조급증을 내기 시작했다. 아픈 친구들도 생기고 불면증이 있다는 친구들도 나타났다. 잡을 수 없는 시간의 무심함을 아쉬워했다. 유일하게 아직까지 운전대를 삽고 있는 내가 봉사하기로 했다. 당장 떠나자고 성화들이다.

서해안에 전원주택이 있고, 강릉에 부모님이 살던 빈집이 있어 잠잘 곳은 확보했지만 언제까지 운전할 수 있을지 조심스럽다. 봄에는 서해안에서 도다리 쑥국을 먹고, 가을에는 동해안 단풍 구경을 가자고 약속 아닌 약속을 했다. 이젠 외국여행은 불가능할 것 같다. 이 모임도 몇 년이나 더 지속할는지 모른다. 모두 건강이 허락할 때까지만이라도 함께 노닐자고 기약 없는 약속을 했다.

지난 늦가을, 다섯 명이 내 차를 타고 동해안으로 향했다. 단풍은 다 떨어져버리고 나목이 서있는 산등성이는 큰 짐승의 등허리처럼 굽이쳤다. 초겨울이라 해야 할까. 날씨가 생각보다 쌀쌀하다. 세 시간 이상 달려서 어린 시절 할머니를 따라가서 먹었던 막국수집에 도착했다. 친구들에게 진짜 강원도 막국수를 맛보이고 싶었다. 이곳은 내가 태어나기 전부터 있었던 집으로 3대가 이어 오면서 메밀을 옛날 방식으로 뽑는다. 체인점을 서울과 경기도로 확장하고 유명해져서 주말이면 발 디딜 틈이 없다. 국수를 좋아했던 친정아버지가 자주 찾아왔던 곳이기도 하다. 친정식구들이 모이면 꼭 들러서 이집 국수를 먹는다. 몇 해 전까지 꿩 만두국이 있었는데 요즘은 꿩이 없어서 그 맛은 볼 수가 없었다.

점심을 마치고 저녁 준비를 하려고 어시장으로 나갔다. 동해는 서해와 다른 어종이 많다. 요즘은 이상기온으로 동해에서 나는 오징어가 서해에서 나고, 서해에서 나는 어종이 동해에서 나긴 하지만.

예전에 주문진 항구는 전국에서 제법 큰 어시장이었다. 오후가 되면 항구에 가득 차있던 오징어배가 바다로 나갔다가, 아침이면 밤새 잡은 오징어를 가득 실은 만선의 배들이 항구로 들어왔다. 이때부터 어판장은 어부와 상인들로 북적였다. 요즘은 오징어 개체수가 줄어서 금값이라 금징어라고 부른다고 한다. 오징어 회와 우럭 회를 떠서 집으로 향했다. 고향에 있는 밭에서 배추와 무를 뽑아 시원한 대구지리를 끓이려 한다. 막걸리도 몇 병 샀다. 우린 학교 다닐 때도 문양답사라도 가는 날이면 막걸리를 양동이로 가져와서 교수님들과 마주앉아 대작을 했었다.

곰삭은 친구들은 50년 전 이야기보따리를 풀기 시작했다. 외국생활을 오래한 친구는 대학 일학년 때부터 연애를 하느라고 졸업이 한 학기 늦어졌다고 털어놓았다. 우리가 그걸 몰랐을 리 없지만 모처럼 수줍은 고백에 우린 시치미를 떼고 화들짝 놀라는 척하며 놀려주었다. 대학 강단에서 열정을 바치며 결혼하지 않은 친구는 인물 수채화에 빠져 올해는 전시를 하겠다고 했다. 부여 친구는 양조장집 딸답게 아주 자연스럽게 술잔을 기울이며 민요 한 가락을 뽑았다. 전업주부로 살아온 친구들은 아이들 이야기, 시집살이 이야기가 주를 이뤘다. 이런저런 이야기에 빠져있다 보니 어느새 술이 바닥났다.

무슨 이야기를 해도 너무 긴 세월 같이 지낸 친구들이라 흉도 없고 사심도 없었다. 모두 동조하고 맞장구를 쳤다. 이것이 진정 참다운 친구가 아닌가 싶었고 이런 친구들이 있어서 행복하다는 생각을 했다.

태풍 속에 핀 민들레

칠순을 바라보는 할머니가 토해내는 말 속에는 그리움의 한이 서려 있었다. 그리움이 절절히 묻어나는 그 얼굴을 나는 물끄러미 바라보았다. 사십년을 같이 살아온 남편보다 삼 년도 같이 살지 못한 남편을 그리워하고 있는 것 같았다. 미완성이라는 아쉬움 때문일까.

나와 같이 살았던 기간은 일 년도 되지 않은 11개월이다. 나는 맏며느리라는 명분으로 분가를 하지 않고 처음부터 시댁에서 살게 되었다. 오랜 기간 동안 집안일을 맡아서 하는 아가씨였다. 성품은 밝고 명랑했다. 아가씨는 음식 솜씨도 좋고 집안일도 잘 했다. 고향도 모르고 부모도 모르는 고아다. 정확한 나이는 모르지만 어린 나이에 시댁으로 왔다고 한다. 기억을 하지 못하는 것을 보면 아주 어린 나이에 부모를 잃어버린 것이 아닌가 짐작을 해보지만 알 길이 없었다. 나와 처음 만났을 때 스물세 살이었는데 그때 이미 시댁에서 10여 년을 살아온 것 같았다. 처음에 왔을 때 정확한 나이도 모르고 호적도 없어서 시어머니의 성을 따라서 밀양 박씨 성을 넣어 박영자라고 이름을 지어 주었다고 했다. 그리고 호적에 시어머니 양녀로 입적을 시켰다.

내가 결혼한 이듬해 아가씨는 동네 할머니의 중매로 이천에서 농사를 짓는 총각과 혼인하였다. 신랑은 시골에서 논농사와 포도농사를 짓는 야무진 청년이었다. 부모도 모르고 고향이 어디인지도 모르는 아가씨에게 처음으로 가족이 생긴 것이다. 아가씨의 일생에 이 시절이 가장 행복한 것 같았다.

그러나 그 남자와 아가씨는 한 달이 부족한 3년을 살았다. 둘은 서로 아끼면서 존중했다. 처음 사람 대우받으며 살았던 아가씨는 첫째 딸을 낳고 둘째를 임신했다. 만삭이 되자 아내와 세 살인 딸을 경운기에 태우고 추수한 쌀가마니를 싣고 이천 시장으로 갔다. 쌀을 팔아서 임신한 아내와 병원에도 가고 사랑스런 딸에게 예쁜 옷도 사주고 싶은 마음이었을 것이다. 셋은 시장 구경을 하고 맛있는 것도 사먹으면서 행복한 하루를 보냈다. 늦가을이라 해가 넘어가자 날씨는 쌀쌀하였다. 만삭이 된 아내와 딸이 추울까봐 버스를 태워서 집으로 보내고 젊은 신랑은 경운기를 몰고 집으로 향하였다.

늦가을 해가 산허리를 넘자 시야가 어두워지기 시작했다. 행복한 두 젊은 부부의 금슬을 신이 시샘하였는지 국도에서 경운기가 트럭에 부딪치면서 손도 써볼 겨를도 없이 젊은 남편은 생을 마감하였다. 스물여덟살에 혼자가 된 아가씨는 세 살된 딸 아이와 뱃속의 아기가 전부였다. 슬픔도 슬픔이지만 얼마나 막막했을까. 기억도 하지 못하는 부모를 잃어버렸을 때보다 더했을 것이다. 행복이 찾아왔다고 기뻐할 여유도 주지 않고 또 깊은 나락으로 떨어졌다. 그런데 아가씨는 슬퍼만 할 수가 없었다. 시어른들이 있었지만 세 살된 딸과 뱃속의 아이를 생각해서라도 정신을 차려야 했다.

얼마 지나자 유복녀가 태어났다. 무소식이 희소식이라 생각하고 있었는데 청주로 재가를 하였다는 소식이 인편으로 들려왔다. 세상물정 모르는 젊은 새댁은 시댁어른들이 하자는 대로 따랐다고 한다. 훗날 안타까운 마음에 물어보았다.

"왜, 아버지한테 알리지 않았어?"

"시집에서 연락을 못하게 했어."

이 말을 듣자 눈물이 핑 돌았다.

아이가 둘 딸린 스물아홉 젊은 새댁의 막막함이 어떠했을까. 아가씨는 시부모를 철석같이 믿었을 것이다. 그런데 시댁에서 청주에 있는 남자한테 재혼을 시킨 것이다. 아가씨는 아무것도 모른 채 네 살된 큰딸은 시부모한테 남겨 놓고 어린 유복녀만 데리고 빈 몸으로 버려졌다.

심성이 착한 아가씨는 재혼한 곳에서 시부모님을 모시면서 아들도 낳고 잘 살고 있다. 시댁도 가난하여 처음에는 고생을 많이 했다고 한다. 남겨 놓고 간 큰딸 때문에 전 시댁과 인연을 끊지 못했다. 이젠 세 아이의 엄마가 된 큰딸은 자라는 동안 엄마가 자기를 버렸다고 생각했었다고 한다. 어린 마음의 상처 때문에 어른이 될 때까지 엄마를 원망하면서 살았는데 이젠 엄마를 이해하면서 잘 지내고 있다. 둘째딸은 초등학교에 입학할 때가 되자 언니가 있는 이천 시댁으로 돌아가 학교를 다녔다. 아버지 얼굴도 모르고 자란 둘째딸 생각만 해도 안쓰러워 눈물이 난다고 한다.

  음식솜씨가 좋았던 아가씨는 지금은 청주에서 만두가게를 한다. 35년째 하는 만두가게는 전국적으로 소문난 맛 집이다. 가을에 만두 속에 넣을 김장을 오백포기나 한다고 한다. 만두를 빚어서 자식들을 키우며 가르쳤고 이층집도 샀다고 행복해한다.

  아가씨는 수없이 닥치는 태풍 속에서도 쓰러지지 않은 민들레처럼 살아가고 있다. 누구를 원망하거나 운명을 탓하지 않고 주어진 만큼의 행복을 받아들이는 긍정적 성격은 어느 성직자보다 더 위대해 보인다. 이젠 전생의 업이 다 소멸되고 앞으로 좋은 일만 있을 것 같다. 자식들이 어머니의 아픈 과거를 눈물로 받아들이는 모습이 아름답다. 행복하게 살아가는 모습을 바라보면 어려운 환경 속에서도 좌절하지 않는 긍정의 힘이 무엇보다 세다는 걸 새삼 느낀다. 남 탓하지 않고, 욕심 부리지 않고, 남을 배려하는 성품은 천성인 듯하다. 얼굴도 모르지만 아가씨의 친부모가 물려준 유전인자일 것이다. 부모한테 물려받은 타고난 천성이 훌륭하므로 아가씨는 환경을 탓하지 않고 강하게 살아남았다. 콩 심은 곳에 콩 나고 팥 심은 곳에 팥 나는 이치가 아닐까?

거울 앞에 서 있는 여자

 항상 전등불을 켜야 하는 건물 안 쪽에 깊숙이 자리 잡은 미장원. 하루 종일 햇빛도 들지 않는 그곳에서 50년을 지냈다는 일흔다섯 살 원장님과 이제 이별할 때가 되었다.

 50년 전 스물다섯 살의 어여쁜 새색시는 백일된 아기를 안고 30만 원을 가지고 이곳으로 이사를 왔다고 한다. 한쪽을 막아서 방을 들여 신혼살림을 시작했다. 얼굴이 잘 생긴 고아 신랑을 만나 어렵게 시작한 보금자리였다.

 원장 할머니가 이 작은 공간에서 얼마나 치열하게 살아냈는가는 그의 머리스타일이 말해준다. 다른 사람의 머리는 매일 예쁘게 만지면서 정작 자기 머리는 항상 뒤로 질끈 묶고 있다. 거친 세파에 얼마나 많은 눈물을 흘렸을 것인가.

 그때 백일이었던 아기는 컴퓨터 박사가 되어 우리나라의 일류 기업에 근무를 하고 있다. 딸 셋을 곱게 길어서 둘은 출가시켰고 막내 딸은 결혼엔 관심도 없이 연극에 빠져 있다.

손님도 별로 없는 미장원 문을 닫아도 그만일 텐데, 애착을 넘어 병적인 집착을 보였다. 오랫동안 양로원과 고아원에 찾아다니면서 봉사하고 외손주를 돌봐주기도 했다.

미장원은 아버님이 돌아가시면서 남편에게 상속한 건물 안에 입주해 있었다. 그러니까 원장님과 나의 인연은 35년이나 이어져온 셈이다. 자주 만나는 건 아니지만 원장님은 나와 같이 늙어가고 있다. 1960년대에 개천을 복개해서 위에 아파트를 짓고 그 안에 재래시장을 열었다. 성북천과 연결된 시장 안은 항상 사람들로 북적댔다. 사람 사는 맛이 났다. 일요일도 없이 치열하게 살아가는 사람들로 활기에 차 있던 동네였는데 2000년대 아파트가 헐리고 재래시장도 없어졌다. 상인들은 뿔뿔이 흩어져 모두 제 갈 길을 가버렸다. 시장이 없어진 그 자리엔 산책로가 생기고 개천 덮개를 헐어서 흐르는 물속엔 송사리 떼가 무리 지어 헤엄을 치고 있다.

동네는 깨끗해져서 좋아졌지만 이곳을 생활 터전으로 삼는 사람들은 유동 인구가 줄었다고 울상이다. 미장원 원장님도 6.70년대에는 성북동에 고급 요정들이 많아서 미장원이 잘 되었는데 요즘은 요정이 없어지고 인구가 줄어 손님이 없다고 걱정을 했다. 봉사도 할 겸 노인들의 머리를 저렴하게 깎아주고 학생들을 지도하면서 소일하고 있다. 그래도 한 우물을 파서 샘물이라도 좀 나온 것 같다. 동네에 4층 다가구를 갖고 있는 당당한 건물주다.

50년을 한곳에서 지내는 것을 보면서 전생 인연이라도 있는 것 같다. 주인과 세입자와의 관계지만 우린 주객이 전도된 느낌을 받을 때가 많다. 건물에 일어나는 온갖 일은 다 알아서 해준다. 고장이 나면 수리하는 사람을 불러 고치고, 공공 기간에서 나오는 것도 알아서 처리한다. 내가 세입자고 원장님이 주인 같을 때가 많았다.

그런데 작년에 미장원을 그만두었다. 파마약 중독인지 치매 증상이 나타났다. 본인은 자기 증상을 인지하지 못하고 계속하기를 고집했다. 이곳이 자기 집보다 좋다고 하면서 해맑게 웃곤 했는데 대략 난감이었다. 가게세가 일 년 이상 밀렸지만 원장님의 일생이 새겨진 이곳을 다른 사람에게 넘길 수는 없었다. 만날 때마다 충격을 주지 않기 위하여 좋은 말로 설득했다.

"그동안 갇혀서 지내느라고 여행도 못 했으니 이젠 여행이라도 다니세요. 고생 많이 하시고 자녀분들도 성공했으니 이젠 쉬셔도 될 것 같네요."

감정을 다치지 않게 하려고 조심스럽게 말을 건넸지만 원장님은 여전히 거울 앞에 서서 단호하게 말했다.

"아니에요. 나는 여기가 집보다 좋아요."

나는 할 말이 없었다.

원장님은 남편이 자기를 고생시킨 이야기를 녹음기 틀어 놓은 것처럼 똑같이 반복했다. 앉아있는 자리가 불편해지면서 어찌나 서글픈 기분이 드는지 명치가 아려 일어서고 말았다.

가족들은 이런 사실을 알고 있는 것일까? 아니면 치매 노인의 고

집을 꺾지 못해 손 놓고 있는 것일까?

다음날 가족을 찾아갔다. 그들도 알고 있었다. 어쩌자는 걸까. 하는 수 없이 조치를 취했다. 50년 동안 온갖 추억이 있는 이곳을 떠나지 못하고 맴도는 아기 같은 마음을 이해는 하지만 화재라든가 불의의 사고가 발생하는 것을 예방하기 위해선 어쩔 도리가 없었다.

50년 동안 미용실을 이용해준 이웃들에게 감사하다는 현수막이 한동안 문에 걸려 있었다. 아름다운 작별 인사라고 생각했다.

우린 서로 20대에 만나 70대 넘어서까지 끊어지지 않은 인연으로 살았으니 그런 대로 잘 산 것 같기도 하다.

아들 바라기들의 만남

아들 친구 엄마들의 만남이 있다. 23년 전 아들이 고등학교에 입학하자 반에서 어머니회가 만들어졌다. 누구의 강요도 아니고 아들이 다니는 학급에 조그마한 도움이 되고자 모였던 것이다. 그중에 딸 둘을 낳고 셋째로 아들을 낳은 즉 귀한 아들을 얻은 엄마가 셋이 있었다. 물론 거기에 나도 포함되었다. 아들이 공부를 아주 잘한 것은 아니지만 귀한 아들이라 빠질 수가 없었다. 다른 어머니들도 모두 같은 마음이었다. 처음엔 20명 이상 모여서 점심도 먹고 학교에 관한 정보를 공유했다. 차츰 시간이 흐르고 아이들이 졸업하여 각자 제 갈 길을 가자 어머니들의 모임도 흐지부지해졌다.

23년의 세월이 흐르자 다섯 명의 엄마들만 남아서 아들의 소식을 전하면서 만남을 지속하고 있다. 물론 귀하게 아들을 얻은 세 엄마들은 다 함께였다. 까까머리 아들들은 이미 결혼해 가정을 꾸렸다. 다섯 명 모두 각자의 위치에서 열심히 잘 살고 있다. 외국에서 교수가 된 친구, 일본계 회사에 다니는 친구, 영국계 외국회사에 다니다 지금은 국내에 들어온 친구, 또 전문직을 가지고 있는 친구도 있다. 아들들은 각자 사는 곳도 다르고 바쁜 관계로 만나지 못하지만, 엄마들은 꾸준히 모임을 이어가고 있다.

  이번에 나에게 일이 생기자 나를 위로한다고 즉흥적으로 여행을 계획한 것도 이 모임이었다.

  비행기가 활주로를 이륙하여 1시간이면 도착하는 제주도는 올 때마다 이국적이다. 야자수 나무와 겨울에 꽃처럼 붉은 열매가 익어가는 먼 나무(좀감탕나무)를 가로수로 심어서 육지와 전혀 다른 분위기다.

  우리 일행은 절물자연휴양림으로 행했다. 마침 숲 해설하는 안내자를 만나 절물자연 휴양림 안에 서식하는 나무와 꽃, 열매에 대하여 한 시간 가량 설명을 들으면서 지금까지 알지 못했던 것을 많이 알게 되었다. 처음 입구에서 가시가 있는 엄나무를 설명하였다. 가시가 있는 식물은 독이 없고 먹어도 되는 것이라고 한다. 육지에 있는 엄나무보다 가시가 더 크고 길었다. 숲으로 들어가자 해송(海松)이 무성했다.

  제주도에서는 나무를 낭이라고 한다. 제주의 숲은 바람과 해풍에 강한 해송과 삼나무가 주종을 이룬다. 나무들이 뒤틀리고 옆으로 누워있는 모습이 곳곳에 보인다. 뒤틀린 나무들은 땅속 현무암 때문에 뿌리가 깊숙이 자리를 잡지 못해서 옆으로 휘어졌다고 한다.

산책로 주위에 빨간 알갱이들이 옥수수처럼 생긴 열매가 눈길을 끌었다. 천남성이라고 했다. 보기엔 매우 아름다운데 맹독인 옥산살결정과 청산배당체가 들어 있어서 옛날에는 사약의 재료로 사용했다고 한다. 휴양림 안에는 구지뽕, 아그배나무, 산뽕나무, 올벗나무, 팽나무, 때죽 같은 나무들이 자라고 있었다. 구찌뽕 열매와 아그배나무 열매, 산뽕나무 열매 같은 것을 먹는 까마귀들이 새까맣게 날아다녔다. 휴양림 안에는 제주도가 지정한 제1호 약수터가 있었다.

우리일행은 절물휴양림을 벗어나서 갈대가 유명한 산굼부리로 행하였다. 굼부리는 화산체의 분화구를 가리키는 제주도 말이다. 은빛 억새가 장관을 이루고 있다. 억새는 산이나 들에서 자라고 줄기가 속이 차있다. 그리고 색은 자주색에서 황갈색, 은빛으로 변한다. 부채꼴 모양의 깃털을 연상시킨다고 한다. 반면에 갈대는 비슷해 보이지만 습성이 아주 다르다. 갈대는 습지나 강가에서 자라고 줄기의 속은 비어 있다. 빛깔은 자주색에서 자갈색으로 변하고 곱거나 가지런하지 못하다. 나는 억새풀과 갈대가 다르다는 것을 구체적으로 알게 되었다. 아직까지도 모르는 것이 많다. 제주도는 올 때마다 항상 느낌이 다르다. 같이 온 사람에 따라서 먹는 것도 다르고 다니는 곳도 달라서 다양한 체험을 하게 하는 곳이다.

숙소로 돌아온 우리 일행은 제주의 생 유산균 막걸리를 마시면서 40년 전 아들 낳던 이야기로 밤늦게까지 신이 났다. 아들로 인하여 맺어진 인연이 오랫동안 유지할 수가 있었던 이유는 아들을 낳기 위하여 노력하였다는 것과 모두 맏며느리로 살아야 하는 공통점이 있었기 때문인 듯하다. 사십대에 만나 칠십을 넘겼지만 세월이 빠르지 그리 오래된 것 같지도 않다.

  각자 간절한 기도로 아들을 낳았지만 이젠 그런 행동들이 소용없이 되었다고 한탄들을 한다. 엄마의 아들이 아니라 며느리의 남편이 된 아들들을 생각하면서 첫사랑을 그리워하듯이 애꿎은 막걸리만 들이켰다. 엄마들은 아들을 낳으려고 마음 고생도 많이 했지만, 자식을 낳지 않겠다는 아들도 있고 시험관 시술로 나이 마흔에 딸 쌍둥이를 낳은 아들도 있다. 엄마들은 이런 아들 앞에서 말도 못하고 벙어리 냉가슴 앓듯이 지낸다고 한다. 급속도로 변해버린 사회 분위기 때문에 아들을 낳으려고 애를 쓴 세 엄마들은 세월만을 탓하면서 할 말도 못하고 지낸다고 한다. 이젠 아들보다 딸을 선호하는 세상이 되었다. 아들이나 딸이나 공평한 세상이 된 것은 고마운 일이긴 한데, 어째 씁쓸했다. 여자들이 큰소리치면서 사는 세상이 된 것 같은데 우리는 이미 숨죽이며 다른 세상을 살아왔으니 억울하다 해야 할까.

  격세지감이지만 나는 맏아들한테 시집온 죄로 아들을 낳기 위하여 눈물이 나올 정도로 노력을 했다. 여섯 살이 될 때까지 전쟁이 나면 업고 가려고 애기포대기를 장롱 속에 간직하고 있었다. 그리고 사립학교를 보내지 못했다. 83년 이웅평씨가 비행기를 몰고 이북에서 넘어 왔을 때 전쟁이 났다고 방송국에서 긴급방송까지 하였다. 그래서 전쟁이 나 한강 다리가 끊어지면 아들과 못 만날 것 같아서 집과 가까이 있는 공립학교를 보냈던 소심한 엄마였다.

  각자 아들을 낳으려고 노력한 이야기를 하면서 모두들 배꼽이 빠질 정도로 행복하게 웃었다. 이제 와서 생각해보니 다 부질 없고 어리석은 행동이었지만 그 당시엔 내게 주어진 역할에 대하여 그보다 최선은 없었다. 게다가 그동안 아들이 나에게 주었던 행복은 말로 다 표현할 수가 없으니 그만하면 되었다.

  아들바라기 엄마들은 아들 덕분에 제주도 여행도 하고, 맛있는 음식도 먹으면서 즐거워했다. 그래도 아들이 있어 행복하다는 아들바보들이다.

외눈박이 시절

 수없이 많은 인연을 맺으면서 살아왔던 나는 젊은 한때 내가 마음의 상처를 준 어떤 인연을 잊지 못하고 있다. 내 나이 스무 살 때 겨울방학이었다. 강릉에서 미술대학에 진학한 학생들이 방학동안 모여서 전시회를 한다고 연락이 왔다. 강릉에 있는 남학교와 여학교 출신들로 일곱 명 정도였다.
 처음에는 다방에서 모여 전시에 관한 이야기를 나누었다. 나는 후배로서 선배들이 하자는 대로 따라가는 입장이었다. 전시 장소는 문화방송 아래층에 있는 다방으로 정해졌다. 그 당시 강릉 시내에서 가장 깨끗한 곳이었다. 홍익대 디자인과에 다니는 남자선배 K가 모두 진행을 맡았다. 다른 사람들보다 나이가 들어 보이는 선배는 굵은 목소리로 진행과정을 설명하였다. 선배들은 고향 친구들이라 서로 반말을 쓰면서 허물없이 지내고 있었다. 여학교만 다녔던 나는 구석자리에 앉아서 듣고만 있었다. 그날은 작품준비 기간과 날짜를 정하고 헤어졌다.

준비기간 동안 시내에 있는 선배의 집에서 몇 차례 모였다. 응용미술과에 다니던 나는 녹색 계열의 구성 두 점을 냈다. 일주일 간의 전시를 무사히 마쳤을 때, 내 그림 한 점이 팔렸다고 K 선배가 나보다도 더 기뻐해줬다.

3월 새 학기가 시작된 어느날 K 선배는 내가 다니는 학교를 찾아왔다. 그림 값을 받았다면서 저녁을 같이 먹자는 것이었다. 그림 값을 준다기에 따라나섰다. 우리가 들어간 곳은 청계천에 있는 경양식집이었다. 무엇을 먹었는지는 생각나지 않지만 나는 그날 야채샐러드만 먹겠다고 했었다. 선배는 웃음을 터뜨렸다.

"너 토끼니? 풀만 먹으려고?"

농담을 진담으로 받아들일 만큼 순진했던 나는 얼굴이 달아올랐다. 그런데 준다는 돈은 주지 않고 받은 돈으로 밥 사주고 싶다는 이야기만 했다. 왜 돈은 안 줄까 하는 생각만 했던 나는 이성에 관심도 없었지만 눈치도 없었다. 그게 일테면 데이트 신청이었다는 걸 안 것은 어른이 되고도 중년을 넘긴 뒤였으니까. 말은 하지 않아서 정확히는 모르지만 내 그림을 선배가 갖고 데이트할 핑계를 댄 것이 아니었나 하는 생각도 지금에서야 한다. 전시 준비 때문이라면서 선배 집으로 초대한 것도 나를 식구들에게 선보인 것은 아니었나 의심이 간다.

후에 들은 이야기지만 선배 어머니가 사귀어 보라고 아들에게 언질을 주었다고 한다. 그뒤 선배는 방학 때 집으로 나를 찾아오기도 했었다. 그런데 전혀 남자를 사귈 마음이 없었고, 이성에게 설레는 마음도 없어서 유야무야 연락이 끊어졌다.

선배는 학교를 졸업하고 상업은행 디자인실에 취직이 되었고 나는 학교 조교로 남았다. 나는 왕성한 작품 활동을 하면서 창작에 푹 빠져서 이성에는 관심조차 없었다. 방학이면 그림 그리는 선배언니와 친구들이 어울려 작품 구상을 한다는 명분으로 전국 사찰을 돌아다녔다. 내 인생에 가장 좋은 시절이었지 싶다. 그 당시 우리들은 해마다 공모전에 출품을 하고 미도파 백화점과 출판회관에서 그룹전시를 했다. 한번은 전시회장에 난 화분을 들고 K 선배가 나를 찾아왔다. 하지만 나는 자리를 피하고 말았다. 왜 그랬는지 설명할 길이 없다. 부끄러워서 그랬을까. 아니면 인연이 아니어서 나도 모르게 그런 걸까. 생각해보면 내가 옹졸했다. 전시장을 둘러보고 나가는 선배의 뒷모습은 쓸쓸해 보였다.

졸업 후 결혼할 나이가 되니 집에 혼인자리 소개하는 이들이 드나들었다. K 선배 집에서 정식으로 청혼을 해왔다. 평소 나는 고향 사람과 결혼하고 싶지 않았다. 친정과 시집이 가까이 있으면 신경쓸 것이 많아진다는 것을 주위에서 보아왔기 때문이다. 또 전공이 같은 남자는 만나고 싶지 않았다. 선배는 계속 관심을 갖고 나를 지켜보고 있었던 것 같았는데 내 소신이 그랬으니 선배는 일단 불합격이었다.

내게도 여러 번 이성을 사귈 기회가 왔었다. 하지만 난 이성에 대하여 편협된 생각으로 늘 냉정하려고 노력했다. 일부러 남자들을 멀리하고 이성에 대한 마음의 문을 닫고 있었다.

선배가 디자인하고 편집하였다면서 건네준 한정혜 한국 요리책이 아직도 내 책장에 있는 것을 보면 내가 조금만 마음의 문을 열었다면 또 다른 인연으로 이어지지 않았을까 생각해본다.

나는 청춘 남녀의 사랑은 아름답고 숭고하다고 생각한다. 그런데 가슴 저리는 연애 한 번 못 해봤으니 가슴 절절한 그리움은 알지 못했다. 남녀 간의 사랑은 아니지만 몇 번의 절절한 그리움을 느껴본 적은 있다. 외손주가 태어나서 우리 집에서 두 달 동안 딸이 산후조리를 하고 갔다. 그때 손주가 보고 싶어 가슴이 어찌나 아프던지 이게 사랑이구나 했었다. 한 번은 강아지를 보내고 눈에 밟혀 잠을 설치며 아파하기도 했었다.

이젠 떠난 남편이 보고 싶어서 그리움에 가슴이 미어지고 아파온다. 보고 싶은 감정은 가슴이 아파서 금방 죽을 것 같은 것이 아닌가 한다. 내 젊음은 냉정하고 차가운 피로 이성을 대하여 상처를 주었지만 나도 가슴 아파오는 사랑을 할 수도 있고, 내 피도 뜨거워질 수 있다는 것을 이제 알게 되었다. 나는 젊었을 때를 외눈박이 시절이라면서 자조한다. 어리석었다. 굳이 마음의 문을 걸어잠그지 않아도 인연은 그저 오고 가는 것을.

다양한 삶을 그린 동행론

김낙효(수필가, 문학박사)

1. 자연은 사랑을 품고

　인간에게 주어진 최후의 희망과 보람은 글을 쓰는 것이 아닐까 싶다. 작가 최윤실은 응용미술과를 나와 작품활동을 하다가 결혼했고 육십대후반에 글을 쓰기 시작해 중장년이 늘 품고 사는 꿈을 실현한 수필가이다. 평자는 그녀를 2019년 3월 봄학기에 서울교육대학 평생교육원 《내 글로 책쓰기》 수필교실에서 선생과 학생으로 처음 만났다. 그녀의 처음 인상은 반듯하면서도 푸근했다. 응용미술과를 나왔다는 소개를 듣고 예술적으로 감각이 뛰어날 것이라 예감했다. 글이 처음에는 서툴기도 했지만, 재기가 돋보이고 과제도 성실하게 제출했다.

　수필공부를 시작한 지 8개월만에 격월간 『에세이스트』 신인상을 수상하고, 스스로 발화하듯 술술 읽히는 좋은 글을 일주일에 한 편씩 써냈다. 처음에 컴퓨터 사용 때문에 애를 먹더니 여러 곳에서 컴을 배워서 이제 선수가 되었다. 그녀는 강릉 친정에 남아 있는 농가와 서해 당진에 마련한 전원주택을 오가며 관리하고 종갓집 맏며느리로서 집안의 대소사를 다 겸하다 보니 활동하는 공간이 전국구였다. 처음에는 컴퓨터 적응조차 쉽지 않았는데 워낙 착실히 과제를 창작하다 보니 몇 년 만에 첫 수필집을 출간하게 된 재능과 열정의 작가이다.

2022년에 봄학기 종강 날 갑자기 사랑하던 남편을 하늘나라로 보내고 나서 잠시 혼란스러움을 겪기도 했다. 그러나 평소 하던 불교 공부에 더 심취하면서 글쓰기에 몰입하여 충격을 견뎌내고 있으니 귀감이 될 만하다.

층층시하에서 어른을 공경하고 매사에 최선을 다하는 삶을 실천하였으니 자기 삶에 기반한 그의 수필은 자연스럽고 진정성이 돋보인다. 미술을 전공한 만큼 문학적 상상력에 미술의 이미지를 접목하여 독특한 묘사의 비유법 등이 눈에 자주 뜨인다. 갈수록 독창성이 돋보일 것으로 기대한다.

「하늘을 품은 바다」는 서해의 아름다운 자연 경관과 그곳에서 살아가는 사람들의 일상을 정적으로 담아낸 작품이다. 바다가 하늘을 닮아 넓고 깊다는 의미뿐만 아니라, 자연과 인간이 하나가 되어 서로를 품는다는 깊은 상징성을 내포하고 있다

특히 "서해바다의 새벽"으로 시작되는 서술은 독자들을 몽환적이

고 신비로운 분위기 속으로 이끈다. 안개에 싸인 바다를 통해 현실과 이상, 과거와 현재가 중첩시키며 이야기를 전개하는 기법도 탁월하다. 이러한 묘사는 공감각적으로 풍부한 상상력을 자극하며, 바다가 지닌 신비로움과 그윽한 아름다움을 극대화시킨다.

작품은 바다를 통해 인간 삶의 연속성과 순환성을 보여준다. 또한 바닷가 마을 사람들이 바다와 함께 살아가는 모습은 자연의 일부로 동화된 모습으로 포착된다.

감각적인데다 언어가 풍부하여 깊은 여운을 남기는 글이다. 평소의 산문보다 섬세하게 선택된 단어와 표현을 통해 자연의 아름다움을 더욱 돋보이게 하며 바다의 향기와 소리, 색감을 느낄 수 있게 한다. 이와 같은 언어의 힘은 독자로 하여금 강렬한 이미지와 감정을 경험하게 만들어 준다.

파도는 사랑하는 연인을 끊임없이 그리워하듯 춤을 추며 떠오르는 해를 바라본다. 멀리 산기슭은 힘이 센 장정들처럼 검푸른 청록색의 산 그림자를 만든다. (…)

또렷한 해는 옅어지면서 하늘로 올라가 지상의 생명체들을 따스한 손길로 어루만진다. 바다는 끝없이 넓고 한없이 깊어, 철들지 않는 자식이 투정을 부려도 다독여주는 어머니의 품속 같다. 하늘은 어머니의 사랑을 먹고 자란 자식처럼 사랑으로 품어주는 바다가 있어, 장난꾸러기 바람과도 심술쟁이 구름과도 모난 데 없이 어울리며 마음껏 재주를 부리는 것이 아닐까?

「아 바다시여」, 1990년대 초, 고향도 아닌 당진 장고항리에, 사이가 좋았던 시댁 삼남매가 퇴직하면 같이 살기로 합의하여 전원주택지를 장만했다. 집은 10여 년 뒤에 지어졌고 처음에는 대가족이 모이는 의미 있는 장소가 되었지만 세월이 흘러 함께하던 가족들이 떠났다. 그렇다고 집을 방치할 수는 없어 관리를 위하여 작가가 오가면서 느끼는 소회를 적은 것인데, 시간의 흐름에 따라 나타나는 아이러니 구조가 매우 상징적으로 인생이란 테제를 투영한다. 작가는 바다에 대한 서정적 위안을 전면에 내세우며 실치 등 그 바다의 풍요를 얘기하면서도 전원주택 유지의 어려움을 솔직하게 드러낸다. 서해인데도 특이하게 그곳은 바다의 일출과 일몰을 동시에 볼 수 있다. 가족의 뭉침과 흩어짐을 동시에 겪은 공간이라는 서사의 흐름과 절묘하게 맞닿아 있다. 어쩔 수 없이 이르게 된 고독의 시간을 그는 이곳을 찾아가 추억하는 것으로 달래고 있다. 그에게도 바다는 어머니의 품과 같은 것이다.

　「달명 불명」은 아들과의 관계가 조망된다. 공부 때문에 외국 생활을 한 아들은 평생 그리움의 대상이었다. 그 아들이 이제 부모와 시간을 자주 함께 보내고 싶어 한다. 하지만 아들 곁엔 며느리가 있고 며느리 입장에선 시어른과 함께하는 시간이 그리 평안한 휴식이 될 리는 없다. 게다가 작가 부부도 이제 나이가 들어 밤늦도록 한데서 붊을 쬐기에 버겁다. 모처럼 아들네와 여행을 왔고 아들은 불명하자고 제안하지만 방으로 들어가 눕고 만다. 문제는 그 다음이다. 그간의 추억들이 주마등처럼 스치며 잠은 달아나 버렸으니 창밖을 기웃거리는 달을 바라보며 작심한다. 그래 오늘 밤은 달멍이다. 불멍은 아들과 함께라는 의미가 있고 달멍은 혼자라는 의미를 지닌다. 모두 함께 왔지만 자리를 떠서 혼자의 시간 속으로 침잠하는 사태, 이 또한 아이러니다.

「하늘을 품은 바다」, 「아 바다시여」, 「달멍 불멍」 등은 인간과 바다를 소재로 한 작품으로, 각각 다른 시각과 감성으로 바다와 인간의 관계를 탐구하고 있다. 바다의 다채로운 풍경을 배경으로 인간의 삶, 감정, 그리고 자연과의 교감을 섬세하게 포착하고 있으며, 자연을 통한 인간 내면의 치유와 성찰을 그리고 있다.

「달멍 불멍」과 「텃밭이여 안녕」에서는 인간 삶의 한계를 주제로 다루며, 이를 통해 사랑과 그리움 등을 생각해 보게 한다. 특히 「텃밭이여 안녕」에서는 텃밭이라는 공간을 통해 가족과의 관계, 세월의 흐름, 그리고 그 속에서 엄청나게 자라는 풀처럼 삶의 다채로운 감정을 표현하고, 자연의 순환을 통해 인간의 감정과 기억이 어떻게 영향을 받는지도 보여준다. 저자는 바다를 전면에 내세우며, 그 바다가 주는 위안과 동시에 전원주택 유지의 어려움을 솔직하게 드러내어 절대 공감하게 한다.

2. 님을 보내고

「그날」은 남편과 사별 후 겪는 깊은 슬픔과 그로 인한 심리적 변화를 세밀하게 다룬 작품이다. 이 수필은 사별 경험을 통해 개인이 겪는 애도 과정을 탐구하면서, 슬픔이 인간의 신체와 정신에 미치는 영향도 깊이 있게 살펴본다.

작가는 "내 몸은 그날에 일어났던 사건들을 기억하고 있다"라고 서술하며 시작한다. 사별과 같은 극적인 사건은 단순한 정신적 충격을 넘어 신체적 반응과 감각에 깊이 새겨질 수 있다고 한다. 이를 통해 독자는 사별이라는 극한의 경험 속에서도 인간의 내면이 어떻게 변화하고 적응하는지를 이해할 수 있게 된다.

「혼자 남겨진다는 것」은 사별의 고통과 그 이후에 따르는 심리적 변화를 극도로 세밀하게 그려낸 작품이다. 작가는 자신을 "바람 부는 한겨울에 앙상한 가지만 남아서 추위에 떨고 있는 겨울나무"로 비유하며, 배우자와의 사별 후 겪는 고립감과 적막감을 강렬하게 표현한다.

사별은 가장 극심한 스트레스 상황 중 하나로 분류된다. 이 수필에서 저자는 사별 후 겪는 깊은 슬픔과 외로움을 직면하고 있으며, 저자는 사별 후 "무기력하게 벌레처럼 웅크리고 있다"고 표현하며, 이는 상실감과 허무감이 얼마나 깊은지를 보여준다. 심리학적으로 이는 정상적인 반응이며, 사랑하는 사람을 잃은 후 자신의 정체성과 삶의 목적을 재정립해야 하는 과정을 나타낸다.

「물처럼 바람처럼」은 개인의 자아 발견과 변화의 여정을 탐색하면서, 자신의 존재와 인생에 대한 깊은 성찰을 제공한다. 현대 사회에서 개인이 겪는 정체성의 혼란과 자아실현의 과정을 문학적으로 깊이 있게 다루며, 개인의 내면 여정과 자기 이해를 향한 길을 그려내고 있다.

작품의 주된 주제는 자아 재발견과 그 과정에서의 해방이다. 저자는 자신의 삶에서 여러 사회적, 가족적 역할에 얽매여 살아왔다고 회고하면서, 이 과정에서 저자는 자신의 정체성과 삶의 의미를 새롭게 조명하며, 진정한 자유와 자기실현을 향한 여정을 시작한다.

작품에서 물과 바람은 중요한 상징적 요소로 작용한다. 물과 바람은 유연성과 변화의 상징으로, 저자가 자신의 삶에서 추구하는 자유와 유동성을 나타내는 것이다. 이러한 자연의 이미지는 저자가 자신과 세계를 바라보는 방식을 변화시키며, 새로운 삶의 방식을 상징적으로 은유한다.

지금까지 나를 잃어버리고 살아왔다. 내가 아닌 내가 살아온 것이다. 나는 없었다. 누구의 아내, 누구의 딸 아니면 누구의 며느리. 엄마, 나를 표현하는 말은 셀 수가 없이 많았다. 수없이 많은 시간에 왜 나는 나를 찾으려고 하지 않았을까? 지금 와서 의문을 제기해 보지만 관습에 묻혀서 내가 누구인지 생각조차 하지 않았다. 남편이 떠나고, 자식들이 떠나고 내 등에 짊어진 짐들을 내려놓자, 이제 내가 보이기 시작했다.

3. 무의식의 시원 유년의 기억

유년의 기억은 순수한 아름다움이며 무의식의 시원이다. 그것은 견고하게 자신을 지탱해주는 정체성의 뿌리로 작용한다. 「증편 솥에 김이 오르면」은 남편의 고희를 준비하면서 유년 시절에 있었던 할아버지의 회갑연을 회상한 글이다. 할아버지의 회갑연 때 온 동네가 잔칫집 같았다.

한쪽에서는 증편을 빚어 안치고 있었다. 막걸리로 부풀린 하얀 쌀가루 반죽 위에 진홍색의 맨드라미 꽃잎과 까만 석이버섯을 채 썰어 꽃모양으로 올리고 미나리 잎을 따다 줄기와 잎을 만들면 금방 나비가 날아들 것만 같았다. 증편 솥에 김이 오르면 멀리 있는 친척들이 오기 시작했다. (…)
백여 명이 한꺼번에 음식을 먹을 수 있게 하였고, 일하는 사람도 일사분란하게 일을 할 수 있게 한 아버지의 지혜가 돋보인 장면이었다. 할아버지의 회갑연은 온 동네잔치가 되어서 일주일 동안 치러졌다.

증편이란 떡이 이토록 아름답게 그려진 글은 처음 보았다. 작가는 기억을 끌어내는 방식이 회화적이다. 친정부모님이 할아버지의 회갑연을 위해 정성을 기울이던 모습은 어린아이였던 저자에게 깊은 인상을 남겼고 평생동안 지침이 되었다. 자, 이제 남편의 고희다. 아이들이 고희연을 열자고 한다. 어떻게 할까.

직장 생활을 외국에서 하는 자식들 생각을 하면 솔직하게 우리 부부의 속마음은 복잡하기도 하고, 요즘 시대에 맞지도 않는 것 같아 많이 망설였다. 그렇지만 나는 먼 훗날을 위해 후손들에게 가르침을 주어야겠다는 생각은 가지고 있었다. 이런 모습들은 훗날 자손들이 부모에게 해야 할 것은 꼭 하도록 규준이 되어 줄 것 같기도 했다. 이 행사를 꼭 해야 할 이유가 나한테는 또 하나 있었다. 두고두고 후회하는 일이 있기 때문이다. 시아버님의 회갑에 당신의 반대로 회갑연을 해드리지 못했는데 2년 후 돌아가시자 자식들은 정말 후회막급이었다. 부모님은 자식 옆에 오래 계시지 않으므로 부모님의 중요한 기념일만은 정성을 다해야 된다는 것을 가르쳐주고 싶었다.

요즘은 많은 사람을 초대해 음식을 나눠 먹는 잔치가 드물어졌다. 모두 편리 위주로 간소화되고 있다. 고희라 해도 누굴 초청하기보다 부부가 조용히 해외여행이나 다녀오는 추세다. 자식들은 돈만 대면 된다. 하지만 작가는 그런 추세가 걱정스럽다. 얼굴을 맞대고 이야기를 나누고 함께 밥을 먹으며 가족의 유대는 깊어진다. 아이들은 고희연을 벌써 준비하고 있다. 번거롭더라도 고희연을 열면 자식은 물론이고 손주들과 친지가 모일 것이고, 아마 어린 손주들은 이러한 잔치를 오래 기억하며 가족이라는 의미를 두고두고 생각하게 될 것이다. 모든 가문은 그렇게 이어져 왔다. 작가는 시아버지의 회갑연을 열고자 했으나 당사자의 반대로 열지 못했다. 그런데 2년 후 갑자기 돌아가시고 말았다. 많이 후회했다. 아이들은 남편의 고희연을 멋지게 치렀다. 그리고 몇 년 지나 남편 또한 갑자기 영면에 들었다.

작가는 그 깊은 슬픔과 상실감을 달래기 어려웠다. 그때 「증편 솥에 김이 오르면」과 같은 유년 시절의 행복한 기억들이 큰 위로가 되었다. 그는 글쓰기에 몰두하기 시작했다. 잠재된 무의식이 분출되듯 기억들이 몰려나왔다. 융의 집단 무의식에 비추어 볼 때, 공동체와 전통은 개인의 무의식 속에 깊이 자리 잡고 있으며, 이는 개인의 창작 활동에 영감을 주는 중요한 원천이 된다.

「과수원집 사람들」도 유년의 이야기다. 과수원이라는 엄청난 노동력이 필요한 공간에서 가족 구성원은 각자 역량만큼의 일을 해야 한다. 아이들까지 새벽 일찍 일어나 과수원 일을 도와야 한다.

> 우리 집은 방학이면 새벽부터 바빴다. 할아버지를 중심으로 아이들까지 먼동이 트기 전에 일어났다. (…) 내가 떠지지 않은 눈을 비비면서 밍기적거리고 있으면 아버지는 방으로 들어와 이불을 젖혔다. 새벽 공기가 방안 가득 들어오면서 더 이상 누워 있을 수가 없었다. (…) 아버지는 과수원으로 갈 때 시냇물에 세수를 하게 한다 시원한 냇물로 세수를 하면 정신이 번쩍 든

다. 아버지는 내가 세수하기를 기다렸다가 전날 밤 언니가 공부한 영어 단어를 묻고 언니는 답을 하면서 나란히 신작로 길을 걸어서 산모퉁이를 돈다. 언덕 위에 있는 과수원을 향하여 언덕을 오르면 솔밭에서 시원한 소나무 향기가 난다.

아이에게 이러한 노동은 놀이이며 공부이다. 당연히 유년의 무의식에 깊은 영향을 미친다. 과수원을 중심으로 펼쳐진 자연경관과 가족들의 모습에 대한 서술은 단순하면서도 동화적인 서사를 품고 있다. 독특한 감각으로 과거를 생생하게 재현해내는 기법이 탁월하다. 과일을 심고 가꾸며 수확하는 일련의 과정은, 생각을 키우고 구체화하여 작품으로 완성시키는 창작의 과정으로 해석될 수 있다. 가족 간의 사랑과 연대, 자연과의 교감은 자체로 인간다움이라는 자연스런 미학성을 드러낸다. 이 글은 동화적이어서 공감의 폭이 크다. 독자들을 각기 다른 유년의 세계로 이끌어줄 것 같다.

「운명」은 그보다 더 어린 시절, 즉 기억조차 할 수 없는 갓난애였을 때 일어난 사건을 다루고 있다. 이 글을 통해 저자는 전쟁이라는 극한 상황에서 가족 간의 연대와 목숨 건 모성애를 그린다. 자신이 기억하진 못하지만 자신은 두 번이나 엄마의 놀라운 용기와 결단에 의해서 살아남을 수 있었다고 한다. 전설처럼 전해지던 그 이야기를 통해 작가는 자기 생명의 귀중함을 깨달았고 또한 생명체를 존중하는 법을 배웠다.

  이 작품은 개인의 무의식적 기억이 어떻게 창작의 원동력이 되는지, 특히 인간의 본능적인 생존 욕구와 사회적 상황이 어떻게 내면의 심리에 영향을 미치는지를 생각하게 한다. 전쟁이라는 극한 상황에서 인간의 본능적인 생존 욕구를 재조명하는데 어머니가 아기를 구하기 위해 목숨을 건 행동은 이러한 본능의 극명한 표현이다. 또한 전쟁은 개인의 무의식에 깊은 트라우마를 남긴다. 이러한 트라우마는 종종 창작의 주요 주제로 등장하며, 작가는 가족을 통해 간접적으로 전쟁 이야기를 들었다. 그 이야기는 자신의 생명과 밀접하게 연결되어 있다.

  어머니는 전쟁 중 약이 없어 아들 둘을 홍역으로 잃었다. 그리고 내가 태어난 것이다. (…) 해산한 지 며칠 되지 않은 어머니도 허겁지겁 갓난아기를 포대기에 싸안고 토굴로 정신없이 뛰어갔다. 하지만 토굴 속에 도착한 어머니 품에는 아기는 없고 빈 포대기뿐이었다. 사색이 된 어머니가 폭격 속으로 나가려고 하자 토굴 속에 있던 집안 어른들이 어머니를 붙잡았다. (…)

  서른 살의 젊은 새댁은 혼이 나간 채 뛰어가서 차디찬 아기를 안고 돌아왔다. 핏덩어리는 포대기 밑으로 빠져서 차가운 부엌바닥에 사색이 되어 있었다.

  두 번째 목숨을 잃을 뻔했던 것은 1.4후퇴 때였다. (…) 연기를 마신 애기 얼굴은 잿빛이 되었다. 주위 사람들은 애기가 죽었다고 단정하고 애기를 버리고 가자고 하였지만 어머니는 고향에 가서 묻어야 한다고 고집을 부렸다.

이러한 극한의 경험은 종종 창작의 중요한 원천이 된다. 작가는 이 경험을 통해 개인적인 치유와 의미의 재구성 과정을 추구한다. 문학은 이러한 개인적 및 집단적 트라우마를 재해석하고 공유함으로써 치유의 과정을 촉진하는 역할을 할 수 있다.

　여기 3부를 관통하는 메시지(「증편 솥에 김이 오르면」, 「과수원집 사람들」, 「운명」의 세 작품은 인간의 심연에 잠재된 심리의 원형을 문학적으로 탐구)는 우리가 잃어버린 것이 무엇인가, 라는 통렬한 질문이다. 가족과 전통이라는 울타리 안에서 사람들은 사람답게 사는 방법을 자연스럽게 배우고 익힌다. 이제 우리는 핵가족 시대를 넘어 가족 해체의 시대를 맞고 있다. 한 세대 전만 해도 우리는 저렇듯 개인이기 이전에 공동체의 일원이었으며 전통적 관습의 계승자였다. 그곳엔 절망적인 열패감이나 고독이란 존재할 수 없었다.

4. 그리움의 원천 부모의 손길

　「박꽃 어머니」에서 저자는 어머니에 대한 그리움과 사랑을 회고하며 어머니의 삶이 어떻게 자신에게 영향을 끼쳤는지를 고찰한다. 이 작품에서도 무의식이 어떻게 개인의 정체성을 형성하고 가족 내의 역할을 수행하게 하며 전통적 가치를 전승하는가, 하는 심리적 요소들이 깊이 연결되어 있다.

　어머니의 영향력은 저자의 무의식 속 깊숙이 자리 잡고 있으며, 이는 자신의 행동양식과 가치관 형성에도 중요한 역할을 한다. 어머니에 대한 기억과 그분이 남긴 물리적 유품들은 저자에게 어머니의 성품, 가치관, 그리고 삶의 방식을 상기시키며, 이는 저자 자신의 정체성을 형성하는 데 중요한 요소로 작용한다. 이러한 기억의 재구성은 칼 융의 무의식 이론에서 말하는 개인의 무의식 속에 내재된 원형(archetypes)과도 연결될 수 있다. 원형은 공통된 인류 경험의 일부로서 개인의 행동과 반응에 영향을 미치는 무의식적 이미지이며 동기이다.

저자는 어머니가 한복을 입었던 모습을 회상하며, 이를 통해 한국의 전통문화와 그 의미를 내면화하고 있다. 이러한 문화적 전수는 심리학에서 보는 정체성의 연속성과 맞닿아 있으며, 프로이트의 정신 분석학에서 이야기하는 심층 심리와 무의식의 계층에서 중요한 부분을 차지한다.

어머니의 유품들, 특히 보자기에 싸인 유품들은 저자에게 심리적 영향을 미치며 어머니의 삶을 재구성하는 재료가 된다. 무의식 속에 저장되어 있던 기억들이 특정 상황에서 강하게 떠오르는 순간을 포착한 글이다. 어머니를 통해 경험한 사랑과 교훈을 상기하는 것으로 저자는 자신의 내면세계와 감정 상태를 성찰하게 되는 것이다.

값나가는 물건은 없었지만 어머니의 장롱 속에서 마음을 비운 수도자의 모습을 보았다. 난 아무도 눈여겨보지 않은 버선과 모시 한복 그리고 물레를 돌려서 직접 꼰 실 한 타래와 손수건 한 장을 보자기에 곱게 쌌다. 20년도 더 된 스웨터 하나도 챙겼다. 지금도 날씨가 약간 쌀쌀하면 난 그 스웨터를 입는다. 내 딸 춥지 않게 감싸주시는 어머니의 품속 같은 따뜻함을 느낀다.

(…)

어느 날 어머니는 우리들에게 속상한 푸념을 했다. 쪽진 머리가 불편하였는지 아니면 시대에 맞게 살고 싶었는지 읍내에 있는 미장원에서 머리를 뽀글뽀글 파마를 하고 왔다. 그날 집안에서 난리가 났다. 그 후부터 아버지는 어머니 옷 입는 것까지 간섭하기 시작했다.

"너희 아버지는 아마 내 묘 속까지 따라와서 잔소리를 할 것 같다" 하시면서 웃으셨다. 그 웃음은 영락없는 박꽃이었다.

「잃어버린 생일」은 가족 관계의 역동성과 사회적 역할이 어떻게 개인의 정체성과 감정에 영향을 미치는지를 탐구한 글이다. 특히 가족 내에서의 역할 분담과 개인적 희생, 그리고 그로 인한 감정적 반응을 세밀하게 다룸으로써 가족 문화와 개인적 욕구 사이의 긴장을 고조시켜 작품의 완성도를 높이고 있다.

단지 생일이라는 오브제 하나로 가족이라는 작은 사회의 위계질서의 틀이 어떻게 개인의 정체성에 영향을 미치며 변화시키는지를 고찰한다. 작품 속에서 생일을 잃어버린 것은 누구의 요구도 아닌 자발적 헌납이었다. 하필 시어머니 생신과 하루 차이였으므로 며느리인 자신은 어머니 생신 준비에만 최선을 다한 것이다. 어머니로서, 며느리로서, 그리고 아내로서의 역할이 개인적 욕구보다 우선이었던 것은 누가 가르쳐주어서가 아니고 친정 집안의 전통적 분위기에서 자연스럽게 익혀온 것이다. 그 경험을 바탕으로 저자는 사회적 맥락을 원만하게 이해하는 세련되고 지혜로운 시어머니 역할을 수행한다.

> 나는 결혼하면서 내 생일은 잃어버렸다. 시어머니와 같이 있었던 날이 40여 년은 되었지만 내 생일이라고 특별히 챙기지 않았다. 시어머니의 생신이 내 생일 다음날이라 항상 생일날 시어머니 생신 준비로 바쁜 날이었다.

결혼과 함께 자신의 생일을 '잃어버린(잊어버린 것이 아니다)' 것으로 묘사한다. 그렇게 함으로써 생일은 사물화되었다. 생일을 그저 어떤 하루가 아니라 '내 것'이며 '나의 소유물' 같은 사물로 치환시킴으로써 친정이라는 세계와 시댁이라는 세계 또한 추상이 아닌 명백한 현실임을 암시한다. '생일을 잃어버린 곳'인 시댁은 자신을 잃어버린 곳인 것이다. 가족 내에서 맏며느리로서의 역할이 자기 개인적인 존재보다 우선시되었음을 암시하는 이 글에서의 상황은 프로이트의 정신분석 이론에서 말하는 자아와 초자아의 갈등을 반영한다. 여기서 초자아는 사회적 규범과 도덕적 가치를 내면화한 측면으로, 개인이 사회적 역할을 수행하면서 자신의 욕구나 감정을 억제하도록 요구하는 것이다.

아들과 며느리의 불편한 관계가 주위에 있는 모든 사람에게 알려지게 되었다. 오래간만에 외국에서 들어온 딸과 사위가 형제들이 모여 운동을 하려고 연락을 하였는데 며느리의 허락이 떨어지지 않아서 가지 못한다고 한다. 며느리 눈치를 보는 아들의 입장이 아주 난처한 것 같았다.

(…)

며느리에게 전화를 걸었다.

"생일 못 챙겨 준 우리 아들 용서해 줘라."

"호호, 어머니 아셨어요?"

"동네에 소문이 쫙 났어."

그리고 한마디 덧붙였다.

"아들이 아빠가 엄마 생일 챙겨 주는 것을 못 보아서 그런가 보다. 내가 잘못 가르쳤으니 내년부터 그런 일은 없을 것이다."

개인이 사회적, 가족적 역할 속에서 겪는 감정적 갈등과 정체성의 변화를 구체화한 기법이 탁월하다. 자신의 감정과 경험을 섬세하게 묘사하는 것으로 가족 내의 역할과 개인의 감정 사이에 존재하는 간극과 긴장을 깊이 있게 전달한다. 독자는 비슷한 경험을 떠올리며 자신의 감정과 갈등을 객관적으로 돌아보고 이해력을 확장시킬 수도 있겠다. 이야기의 힘이다.

「아버지의 간절한 마음」, 아버지가 결혼하는 딸들을 위해 준비한 '

참을 인(忍)'이 새겨진 반지는 부성애의 완곡한 표현으로 복합적인 심리가 내포되어 있다. 아버지는 이 반지를 사위에게 선물한다. "내 딸이 많이 부족하니 참고 잘 살아 달라는 아버지 마음의 징표"이면서 또한 가정을 이룬다는 것은 가족을 위한 희생과 인내가 따른다는 가르침이다. 남남이 만나 '함께 잘 산다는 것은 서로 잘 참는다는 것'과 맥락적으로 동일시하고 있다.

반지를 통해 전달된 아버지의 사랑과 기대는 딸들의 삶 속에 깊이 스며들었고 그들의 결정과 행동에 지속적으로 영향을 미친다. 작가는 참음과 기다림이라는 개인의 절제가 가족 구성원에게 미치는 영향을 문학적으로 섬세하게 재현하였다. 재현적 기법이 공감과 감동을 일으키며, 가족 내에서 개인의 심리와 행동에 어떻게 작용하는지를 효과적으로 전달한다.

부모님의 따뜻한 사랑, 평화로운 전원의 풍경, 고향의 풍요로움 등 유년 시절의 경험은 작가의 삶에 버팀목이 되었다. 순수한 유년의 추억은 지치고 힘들 때마다 용기를 북돋아 주었고 생기를 불어넣어 주었으며, 온전한 자신으로 회귀할 수 있는 길을 열어주었다.

5. 다양한 도전과 삶의 모습

「행복나무」는 기다리고 기다리던 아들이 태어났을 때 선물로 받은 화분 이야기다. 관음죽은 가족의 역사와 함께 성장하며, 가족 구성원 간의 관계 변화와 감정의 흐름을 상징적으로 암시한다. 나무가 겪는 변화는 가족 구성원들이 경험하는 삶의 주요 사건들—이사, 분가, 그리고 세대 간의 갈등과 화해—과 병행하며, 가족 구성원들의 삶의 변화를 반영한다. 이를 통해 작가는 가족의 유대를 강조한다.

관음죽은 작품에서 '행복나무'로 불리며, 이는 가족에게 행복과 안정을 가져다주는 상징적 요소로 기능한다. 이 나무는 중요한 순간에 가족에게 힘과 위안을 주었기 때문이다. 심리학적 관점에서 보면, 나무는 안정감과 연속성의 원천으로서, 가족 구성원들이 겪는 변화와 위기의 순간에 중심을 잡아주는 역할을 한다.

작품에서는 시어머니와의 갈등과 그로 인한 가족의 분가, 그리고 나중에 다시 화해하는 과정이 중요한 맥락을 이룬다. 갈등과 화해의 과정을 통해 가족 구성원 각자의 심리적 성장에 중요한 영향을 미치며, 개인이 자신의 정체성을 형성해가는 결정적 단초가 된다는 것을 암시하고 있다.

4월에 이사를 했고 7개월 후, 늦가을과 초겨울의 경계인 십일월 말에 시아버님은 뇌출혈로 운명하셨다. 향년 63세였다. 새벽 한 시에 우리 부부는 시아버님의 임종을 지켜드렸다. 간절하게 손주를 기다린 것도 우리와 일찍 작별할 것을 예감했기 때문일까. 얼마나 좋았으면 매주일마다 우리 집을 방문하셨을까. 요즘도 시아버님 생각을 하면 끝까지 나를 맏며느리라고 믿어주셨던 고마움이 사무친다. 관음죽을 볼 때마다 장년이 된 아들 생각을 한다. 사철 푸른 잎으로 있는 관음죽은 우리 가정에 평화를 가지고 온 행복 나무다.

「아들」은 부모와 자식 간의 관계를 다루고 있다. 특히 어머니와 아들 사이의 기대와 희생, 그리고 교육 방식에 대한 사회문화적 흐름이 어떻게 반영되는지를 구체화했다. 한국 사회에서 자녀, 특히 아들에 대한 기대와 부담이 어떻게 부모의 행동과 결정에 영향을 미치는지를 보여 주며, 또 개인의 경험은 사회문화적 가치와 규준에 어떻게 작용하는지를 보여 주고 있다.

아들을 정신이 올바르게 키워야겠다는 생각에 걱정도 되고 겁도 났지만 겉으로는 초연하게 행동했다. 초등학교 5학년이 되었을 때 겨울 방학 동안 국토순례라는 프로그램이 있었다. 1월 1일부터 1월 20일까지 우리 국토의 동쪽 끝에서 서쪽 끝까지 걷는 극기 훈련이었다. 동해안 소돌 해수욕장에 있는 초등학교를 출발하여 인천에 있는 맥아더장군 동상 앞까지 걷는 강행군이었다.
한겨울에 얼음을 깨서 세수를 하고, 초등학교 교실에서 잠을 잤다. (…)
지금까지 살아오면서 그 행군이 큰 도움이 되었는지 잘 모르지만 나는 후회하지 않는다.

귀하게 얻는 아들이지만 극기 훈련을 시키는 등의 방법으로 엄격하게 교육하면서 애정 표현을 절제하는 모성의 깊이가 두드러지게 나타나는 글이다. 자식을 향한 깊은 사랑과 희생이 복합적으로 작용하는 결과로, '다가올 미래'를 위하여 '지금 현재'의 감정을 절제한 어머니의 기원은 결국 아들을 건강한 사회인으로 키워냈다. 해피앤딩이다.

「별명이 두바이 단군」은 사위 이야기다. 사위는 어려운 환경을 극복하고 외국으로 진출하여 성공한 모범적 사례이다. 한국의 젊은이들이 국제무대로 나가 적극적으로 활동하는 사례를 통해 시대의 변화를 반영했다.

「손자와 자개장」, 보통 손자 얘기라면 식상한 것이 많은데 관점이 달리해서 참신하게 접근했다. 시어머니가 무척이나 아끼던 자재장을 누구도 원치 않았지만 손자는 갖고 싶어 한다. 손자와 자개장이라는 소재가 신선했다. 사물이 기억에 의해 왜곡되는 현상을 천진한 아이의 편견 없는 시선을 통해 환기시키고 있다. 노인과 어린아이, 과거와 미래, 기억의 고집과 무심의 순수를 대비시키며 인간의 시선과 감각의 순수성을 묻고 있다. 자개장은 가족의 역사와 정체성을 상징하지만 손자는 아직 어떤 편견도 없는 순수한 상태다. 따라서 자개장은 손자에 의해 본연의 순수한 가치를 획득하는 것이다. 훗날 손자는 증조모의 존재를 전설처럼 듣게 될 것이지만, 혈연이므로 또 자개장을 갖고 있음으로써 할머니와 연결하여 자기 정체를 찾아갈 것이다. 이러한 유물의 전달은 가족이라는 공동체의 인식에 중요한 역할을 하고 가문의 자긍심으로 작용한다.

다섯 살인 손자는 머뭇거리면서 내 방으로 들어왔다. 어색한 표정으로 나
전칠기 자개장을 만지면서 나를 쳐다본다. (…)
"너 갖고 싶니?"
"할머니 저 줄 수 있어요?"
고개를 끄떡이면서 나를 바라본다. 그 모습이 너무 앙증맞았다. 또 손자의 천진난만한 까만 눈동자를 보고 있자니 앞뒤 잴 것 없이 약속을 해버렸다.
"할머니가 잘 간직하고 있다가 네가 크면 줄게."
손주는 얼굴에 함빡 웃음을 머금고 다시 자개장에 박혀 있는 그림들을 만지작거렸다.

「축제의 한마당 연등회」, 외손녀와 함께한 등불행사의 현장을 실감 나게 표현한 것이 좋았다. 역사가 오래된 연등회 축제가 열리는 거리의 모습이나 여대생의 반응 등 참가자들의 모습을 생생하게 묘사하여 축제의 열기를 잘 나타내고 있다. 사회참여는 어떤 구호나 저항적 시위만은 아니다. 이렇듯 우리의 자긍심을 높여줄 행사에 참석하고 함께 즐기는 것이 더 적극적인 사회참여일 수가 있다.

불교의 전통 행사인 연등회는 사회문화적 의미와 공동체의 중요성을 호소하는 글이다. 연등회는 전통과 현대가 공존하는 사례로, 개인에게는 지혜와 평화를 기원하는 시간을 제공하며, 공동체에게는 함께 모여 축하하고 기원하는 사회적 결속의 장이 된다.

연등회는 공동체의 집단 무의식 속에 깊이 뿌리내린 문화적 상징으로, 개인과 집단에게 정체성과 안정감을 제공한다.

우리나라도 연등 행렬을 관광으로 발전시킨다면 외국인들에게도 추억할 수 있는 볼거리가 될 것 같다. 서울 축제를 넘어 전 세계적인 축제가 되었으면 한다. 연등회는 모든 사람들에게 무명의 어둠에서 깨어나게 하는 의식이고, 전쟁이 없는 평화의 시대가 오기를 염원하는 몸짓이다.

도로 양 옆에는 한국인은 물론 외국인 관광객들로 발 디딜 틈 없이 붐볐다.

「사막 캠프와 히타 호텔」은 사막이라는 원시적이고 광활한 자연의 세계를 서정적인 필치로 묘사하면서 현대 도시의 각박한 생활 환경을 투영시킨 작품이다. 자연을 통해 심리적 안정과 자아 성찰의 기회를 얻는 과정이 점진적으로 전개되는데 배경을 묘사한 솜씨나 인물들의 캐릭터 포착이 흥미롭다.

서쪽의 사막지평선에 해가 넘어가자 동쪽의 사막지평선에 달이 떴다. 한국에서 보는 달보다 크고 색이 선명하다. 불빛이 없어서 어둡고 캄캄한 사막에서는 하늘의 별들이 뚜렷하고 선명하다. 사방을 둘러보아도 온통 어둠, 사막의 능선은 어둠에 묻히고 별빛 달빛만이 오연하고 도도하다. 큼지막한 별들이 눈앞에 빼곡하게 쏟아진다.(…) 손녀만 했던 내가 할머니와 별을 보았는데, 지금은 내가 할머니가 되어 손녀와 같이 멍석 위가 아닌 중동의 사막에서 별을 쳐다보고 있다. 이곳에서 바라보는 달의 모양은 한국에서 보는 달의 모양과 반대라고 한다.

6. 세상에서 만난 인연

수필이 감동을 주는 이유는 거대한 담론이기 이전에 소소한 인간들의 만남 이야기이기 때문일 것입니다. 「다시 만난다면」에서 작가는 고부간의 복잡하고 때로는 고통스러운 관계를 통해 인간관계의 어려움을 이야기한다.

"시어머니의 기일(忌日)이 다가왔다. 어머니와 나는 다시 만난다면 서로를 품을 수가 있을까?"로 시작하는 이 글에서 작가는 과거를 회고하며, 어머니 사후에도 계속되는 미해결된 감정을 표현한다. 치매 증상이 있는 시어머니는 며느리 탓을 하면서 홀로 아파트에서 지내는 것으로 맏며느리와 기묘하게 대치하고 맏며느리인 작가는 그러한 시어머니에 의해 정신적으로 상당한 압박을 겪는다. 시어머니가 맏아들에 대한 애착이 유난했다는 사실로 미루어 보면 시어머니는 며느리에게 아들을 빼앗겼다는 피해의식이 있었는지도 모른다. 일반적으로 며느리와 시어머니라는 관계에는 가족이면서 동시에 타인이라는 미묘한 거리가 존재한다. 가부장적 사회에서 고부간엔 엄격한 위계적 질서가 내재해 있었다. 하지만 이 집안 환경은 그렇게 고루한 경우는 아니다. 즉 남편과 시아버지는 특별할 정도로 민주적인 캐릭터이다.

　매일 아침 며느리는 시어머니를 위해 음식을 만든다. 그런데 그걸 시어머니께 갖다 드리는 사람은 아들이다. 시어머니는 음식보다 아들을 기다렸는지도 모른다. 며느리 혼자 시어머니 집에 가면 환영받지 못하기에 시어머니를 뵈러 갈 땐 당신께서 그리도 사랑하는 아들을 대동해야 했다. 그래서 남편이 쉬는 주말이나 남편을 따라 어머니를 뵈러 갈 수가 있었다. 그러던 중에 시어머니가 낙상사고를 당했고 그 사건을 계기로 어머니는 아들 집으로 오셨다. 기이하게도 그때부터 시어머니는 태도가 완전히 달라졌다. 그리도 좋아하는 맏아들의 시중을 받으며 아기 같은 표정으로 순한 양처럼 7년을 함께 살았다는 것이다. 이때 시어머니에게 며느리는 어떤 존재였을까. 며느리는 시어머니를 중심으로 식단을 짜는 등 최선을 다해 모셨지만 관계가 개선된 것은 아니었다. 고부간의 갈등과 시어머니의 치매라는 모티프는 매우 상징적이다. 작가는 해결되지 않는 상실로 인한 정서적 공백을 어떻게 메울지 고민하며 인연에 대해서 숙고한다.

　서로에게 어떻게 위로와 치유를 제공할 수 있는지 깊이 생각하게 한다. 단순한 사랑과 미움의 감정을 넘어서는 다양한 심리를 교착시킨 이야기 구성은 경험을 토대로 했기에 깊이 다가온다.

아무 성과도 없이, 아무 실속도 없이, 나는 고부라는 미묘한 관계를 화두 삼아 탐색하고 몰두하는 데 인생의 대부분을 바쳐온 것 같다. 이런 환경 탓인지 아이들은 나에게 요구하는 것이 없었다. (…) 어머니는 점점 치매가 심해지면서 넘어지는 횟수가 많아졌다. 급기야 낙상으로 엉덩이뼈에 금이 갔다. 하필 그날은 친정 오빠의 장례식 날이었다. 급히 상경하여 병원에 입원시켰다. 20일 동안 입원 치료 후 어머니께는 여쭤보지도 않고 우리 집으로 모셔 왔다. 남편은 날마다 어머니를 휠체어에 태우고 동네 공원으로 나가 재활을 도왔다.

그렇게도 맏며느리하고 살기를 꺼리시더니, 어머니는 당신 집은 까맣게 잊어버리고 그렇게 좋아하던 맏아들과 같이 7년을 애기 얼굴이 되어 순한 양처럼 사셨다. (…) 한집에 7년을 살면서 그 세월만큼 어머니와 가까워진 것은 아니다. 내게 어머니는 여전히 조심스럽고 어려웠으며 난해했다. 어머니가 떠나신 다음에 내가 깨달은 건 최선이란 없다는 것이었다.

「아들 바라기들의 만남」은 어렵게 아들을 얻게 된 어머니들의 모임 이야기이다. 아들의 고등학교 시절에 결성된 모임으로 23년이나 지속하고 있다. 아들 사랑과 열망을 공유함으로써 결사적인 감정 지지 네트워크가 형성된 것 같다. 만날 때마다 이야기는 변화하고 생생해진다. 자녀와 관련된 스트레스나 기쁨의 공유가 통쾌 지수가 높이는 걸까. 그 아들들이 자식을 낳을 나이에 나타난 변화와 시대의 흐름까지, 성토하는 모습에 공감하는 독자도 많을 것으로 기대된다. 시대의 변화와 함께 엄마들의 도전에 어긋나는 아들을 성토하는 모습도 재미있다.

각자 간절한 기도로 아들을 낳았지만 이젠 그런 행동들이 소용없이 되었다고 한탄한다. 엄마의 아들이 아니라 며느리의 남편이 된 아들들을 생각하면서 첫사랑을 그리워하듯이 애꿎은 막걸리만 들이켰다.
 엄마들은 아들을 낳으려고 마음고생도 많이 했지만, 자식을 낳지 않겠다는 아들도 있고, 시험관 시술로 나이 마흔에 딸 쌍둥이를 낳은 아들도 있다. 엄마들은 이런 아들 앞에서 말도 못 하고 냉가슴 앓듯이 지낸다고 한다. 너무 많이 급속도로 변해 버린 세월 때문에 아들을 낳으려고 애를 쓴 세 엄마는 세월만을 탓하면서 할 말도 못 하고 지낸다고 한다. 이젠 아들보다 딸을 선호하는 세상이 되었다.

「거울 앞에 서 있는 여자」는 하루 종일 햇빛도 들지 않는 건물 지하 미장원에서 50년간 머리 매만지는 일을 한 일흔다섯 살 원장님 이야기다. 1년 전부터 치매 증상이 나타났지만, 본인은 증상을 인지하지 못하고 고집을 부렸다. 자녀들이 설득을 하다못해, 작가에게 응원을 부탁하여, 긴 이야기를 들으며 어루만져서 원장님이 미장원을 떠나게 되었다는 이야기다.
 작가는 자신이 이제 '치매상담가'로 나서야겠다고 했다. 시어머니의 치매 증상을 오랫동안 겪으면서 뛰어난 공감 능력이 생긴 덕이 아닌가 한다.

　최윤실은 이 책을 통해 우리 사회의 상실과 희망을 남다른 필치로 그려내고 있다. 삶에 대한 진솔한 태도와 단아한 문체, 회화적인 묘사가 돋보인다. 첫 수필집이지만 경륜에 걸맞은 완숙한 사유가 깊이를 더하였다.
　첫 수필집으로 이제 본격적인 창작의 길에 들어섰으니 그간의 체험을 바탕으로 더욱 정진하여, 늘 그랬듯 언제나 최선을 다하여, 제2, 제3권의 좋은 작품을 많이 쓰시길 바란다.